JN111154

JLA
図書館実践シリーズ 38

図書館利用に障害のある人々へのサービス[下巻]

先進事例・制度・法規編

補訂版

日本図書館協会
障害者サービス委員会 編

日本図書館協会

Library Services for Persons with Special Needs
Volume 2 – Best Practices and Legislation
(JLA Monograph Series for Library Practitioners ; 38)

図書館利用に障害のある人々へのサービス ： 下巻　先進事例・制度・法規編　／　日本図書館協会障害者サービス委員会編. －　補訂版. －東京　：　日本図書館協会, 2021. －　320p　；　19cm. －　（JLA 図書館実践シリーズ　；　38）. －　ISBN978-4-8204-2108-5

t1. トショカン　リヨウ　ニ　ショウガイ　ノ　アル　ヒトビト　エノ　サービス　a1. ニホントショカンキョウカイ
s1. 図書館奉仕　s2. 身体障害者　① 015.17

まえがき

　公益社団法人日本図書館協会障害者サービス委員会は，1978年の委員会設立から長年にわたり，「図書館利用に障害のある人々へのサービス＝障害者サービス」の普及と推進のための活動を行っています。

　「障害者サービス」の基本のテキストであり，さらには研究成果でもある書籍として『障害者サービス　補訂版』（日本図書館協会　2003　図書館員選書12）を発行してから相当の年月が過ぎました。この間，障害者サービス用資料の進展をはじめ，著作権法の改正，「障害を理由とする差別の解消の推進に関する法律」（障害者差別解消法）の施行など大きなトピックもあり，内容が現状にそぐわない部分が多数存在することから，委員会では新たな基本書の発行を急務として準備を進めてきました。

　このたび，多くの方々のご協力を得て新しい資料を刊行することができました。また，日本図書館協会の初めての試みとして，印刷資料を利用するのに困難な方々のために，アクセシブルな電子版の同時刊行を行いました。ぜひ，電子版も手にとって，使い勝手を体験していただくとともに，さまざまな利用者に思いを馳せていただけますようお願いいたします。

　現在，基本的な障害者サービス（対面朗読・障害者サービス用資料の提供）を正しく行っている図書館は決して多くはありません。全国的にも格差が大きく，まだまだ十分なサービスは行われていない状況です。障害者サービスそのものへの誤解が

あったり，現場の図書館員から「よくわからない」と言われることもあります。本書をお読みいただくことで「すべての人に図書館サービスを」行うことこそ，図書館員の本来の使命であると改めて感じていただければと思います。

2018 年 7 月 1 日
日本図書館協会障害者サービス委員会

補訂版にあたって

2018 年の初版発行後，新たな法律の制定等，障害者サービスを進めていく上での大きな動きがありました。そこで，最低限の補訂を行うこととしました。

補訂は原著者ではなく，本書の編集担当で行っています。統計数字などは，新たな調査結果が出た場合のように根拠が明確なもののみ修正しています。特に，現状に合わない内容があった場合は，著者に確認をして修正しています。

一方，8〜10 章などの原著者のみが修正できるものについては，原則初版のままになっています。

また，「読書バリアフリー法」と「法や制度の残された課題」を 11 章に追加しています。

2021 年 10 月 1 日
日本図書館協会障害者サービス委員会

目 次

目　次

目 次

c o n t e n t s

c o n t e n t s

※本書は，アクセシブルな電子書籍である EPUB 版（上下巻合冊）でも出版されます。EPUB 版用に，7 章以降には上巻からの通しページを（　）で付しています。この本の内容を引用される場合は，上下巻通しページの方をお使いください。

目 次

目 次

7章 障害者サービスを支える ネットワークと連携

7.1 市町村立図書館，都道府県立図書館，国立国会図書館の 役割

(1) 市町村立図書館の障害者サービス

① 市町村立図書館の障害者サービスとは

市町村立図書館は第一線の図書館として，障害者を含むあらゆる市民にサービスを行うところです。「近くの図書館に聞いてみれば何とかなる」と利用者に信頼される存在でなければなりません。ただし，すべてのサービスを市町村立図書館単独で完結することはできません。都道府県立図書館やその他の関係機関と連携してサービスを構築し，利用者の身近な窓口としての存在になることが大切です。

まずは，図書館全体で障害者等を受け入れる体制を作らなくてはなりません。職員が受け入れる気持ちと技術を持つこと，施設設備のバリアフリー化，館内外の案内やサインの充実，拡大読書器や読書支援用具の整備などは必須です。

② 障害者サービス

障害者サービスとしては，およそあらゆる手法を用いて利用者の要求に応えていきます。地域や利用者の状況によりきめ細かなサービスを構築していかなくてはなりません。障害

者等が来館しやすい環境なのか，地域にどのような障害者等がどのくらいいるのか，どのような施設や病院があるのかなど，その地域に一番必要なサービス・資料から考えていきます。その中でも，資料の郵送貸出（障害者用資料・一般資料），対面朗読，宅配サービスはどこの館でも必須のものです。地域のボランティアグループ・福祉関係者・類縁機関と協力してサービスを考えられるのも市町村立図書館の特徴です。

③　所蔵する障害者サービス用資料

障害者サービス用資料として，まず購入できる基本的な資料は積極的に収集します。大活字本，点字本（点字絵本・ユニバーサル絵本を含む），録音資料（音声デイジー），マルチメディアデイジー，布の絵本，LL ブック，バリアフリーな映像資料などです。これらの資料を所蔵するのは障害者等利用者への提供のためですが，障害者サービス用資料を知らない一般利用者への紹介という意味もあります。資料というよりはサービス形態ですが，アクセシブルな電子書籍もぜひ導入したいものです。

ただし，本書 2.2 にもあるように，購入できる障害者サービス用資料はとても少ないのが現状です。利用者への資料提供ということでは，全国的な相互貸借システムやインターネットからのダウンロードを活用して資料を入手し，利用者に提供します。

④　資料展，講演会などの開催

「りんごの棚」（本書 3.10(1)参照）のように障害者サービス用資料を常設展示したり，定期的に資料展やデイジー体験会

などを開催します。障害者だけではなく広く一般の人に知ってもらうのも大切です。また，障害者等をテーマにした研修会やセミナーを開催することもできます。セミナーでは，障害者団体・障害者の親の会・福祉関係部局などと連携し，さまざまな発表や展示を合わせて行うこともできます。図書館というところは公平・平等なところであり，さまざまな団体と連携できるのが大きな強みです。

⑤　障害者サービス用資料の製作

市町村立図書館で障害者サービス用資料の製作を行っているところがあります。資料製作のためには，専門知識のある職員とスキルの高い図書館協力者が必要です。そのため，すべての館で資料の製作をしようとするのは現実的ではありません。規模の大きな自治体の力のある図書館で資料を製作し，全国の図書館などに情報提供をしてほしいと願います。

(2)　都道府県立図書館の障害者サービス

都道府県立図書館（以下，「県立図書館」）の障害者サービスは，大きく2つに分けることができます。1つは利用者に対する直接サービスであり，もう1つは市町村立図書館の障害者サービスを支援しサービスの普及を図ることです。

①　直接サービス

図書館利用に障害のある利用者への直接サービスは，さらに2つに分けることができます。

1つは，県立図書館本来の図書館サービスをすべての人に利用してもらうものです。県立図書館は豊富な蔵書に裏づけ

られた，高度な調査研究に対応できるのが特徴です。それを障害者を含むすべての人が利用できるようにするものです。

　具体的には，対面朗読，専門書や難しい内容の図書の障害者用資料への変換と提供（郵送貸出）などが考えられます。対面朗読では，専門書を読める音訳者が必要です。難しい内容のものの資料製作が求められるので，スキルの高い図書館協力者・職員が必要となります。市町村立図書館が収集できないような障害者用資料を収集し，障害者支援機器も積極的に導入します。

　もう1つは，障害者サービス未実施市町村に住む障害者等への直接サービスです。ちょうど図書館未設置地域に移動図書館車を出して図書館利用を保障するように，誰もが図書館の利用ができるようにするものです。対面朗読，郵送貸出，施設へのサービスなどがあります。本来は，市町村立図書館が行うものですから，これは市町村のサービスが進展すれば減少していきます。

②　市町村立図書館の障害者サービスへの支援，協力

　市町村立図書館への協力・支援・普及活動は，県立図書館の重要な責務です。市町村立図書館で充実した障害者サービスが実施できるように支援しなくてはなりません。また，この協力支援業務を行うためには，まず自らが障害者サービスを実施し，職員がそのノウハウを持っていることが求められます。そのため，①の直接サービスとも密接に関係しています。具体的には次のようなものがあります。

　ア　県内職員研修会の実施　　新人・担当者・館長などを対象とした研修会があります。

22

イ　実態調査の実施　　県内の障害者サービスの実情を把握し，市町村立図書館への啓蒙啓発に活用します。

ウ　さまざまな質問，相談，見学などへの対応　　わからないことは県立図書館に聞けばよいと信頼される存在になることが求められます。そのためには，障害者サービスに関する資料・情報の収集も欠かせません。

エ　講師の紹介，派遣　　職員や音訳者研修会へ講師を派遣したり，紹介したりします。

オ　障害者サービス用資料の製作　　市町村立図書館では製作が難しい資料について，市町村立図書館からの依頼による資料製作を行います。

カ　県内障害者用資料データの収集　　国立国会図書館に県内新規製作資料の情報を集めて通知するとともに，さまざまな媒体の利用者用目録の作成により利用の促進を図ります。

キ　その他，新しい資料やサービスの研究提供　　まず県立図書館が実施し，ノウハウを提供します。

　障害者サービスの実施・未実施に地域差が大きいのは，県立図書館の責任によるところが大であると考えます。窓口サービス・宅配サービス・施設へのサービスなどの，地域に根差した，利用者に寄り添ったサービスは市町村立図書館の役割であり，その市町村立図書館を支えるのが県立図書館の責務です。すべての図書館で障害者サービスが実施できるようになるためには，県立図書館の役割が重要です。

(3)　国立国会図書館の役割

　国立国会図書館には障害者サービスにおいても，「全国の

図書館の図書館」として，また世界の図書館への窓口として，次のような機能が求められています。もちろん，自ら行う図書館サービスも，すべての人が利用できるように配慮しなくてはならないことはいうまでもありません。

① 障害者サービス用資料の全国総合目録の作成

現状で総合目録の作成と，コンテンツデータそのものの収集と配信が行われています（詳しくは2.3(1)）。

② 障害者サービス用資料の製作

以前から学術文献録音図書の製作（現在は音声デイジー形式）を行っています。これは，図書館からのリクエストにより専門書の製作を行うものです。しかし，残念なことに製作量が少ないことと，製作に時間がかかりすぎる問題があります。職員体制や予算を充実させ，基本的な資料製作を国立国会図書館でまとめて行えるようにしたいものです。障害者用資料の製作には，専門知識のある職員と高いスキルの図書館協力者が必要です。それを各図書館が少しずつ行うよりも，国立国会図書館がまとめて行うほうが，効率的で資料の品質も確保できるのではないでしょうか。

③ マルチメディアデイジーなどの新しい障害者用資料の研究・製作・普及活動

マルチメディアデイジーのような新しい資料が開発されても，その製作体制がないのが現状です。国立国会図書館でまず製作を行い，製作基準を作成し，全国に普及する役割があります。

④　デジタルアーカイブのテキスト化と提供

今後所蔵が増えていくデジタルアーカイブのデータを，アクセシブルなテキスト資料にして，障害者を含むすべての人が利用できるようにするものです。2017 年 4 月発表の「障害者サービス実施計画」にも盛り込まれていますので，ぜひ実現してほしいものです。

⑤　外国の図書館連携の窓口

世界の障害者サービス用資料が，国を越えて利用できるようになっています。

⑥　図書館職員の研修

障害者サービスに関する職員研修会を開催し，障害者サービスの普及や，新しいサービスの紹介などを行います。

7.2 視聴覚障害者情報提供施設との連携

(1)　近畿視覚障害者情報サービス研究協議会

近畿視覚障害者情報サービス研究協議会（近畿視情協）は，近畿地区の点字図書館 13 館・公共図書館 26 館・放送関係 1 施設・NPO 法人 1 団体・合計 41 の視覚障害者サービス提供施設が加盟している団体です。1 つの施設だけでは視覚障害者のニーズに対応しきれないため，協力してよりよいサービスを行うことを目指しています。具体的には，参加施設の情報交換，視覚障害者への情報提供やサービスについての学習や研究を行いながら，職員個々の資質の向上を図っています。

協議会の始まりは，1972 年 6 月に当初 4 館で京阪神点字図

書館連絡協議会を発足したことです。その後，1974年9月に，公共図書館2館を含めて合計12館で近畿点字図書館研究協議会となりました。1986年4月からは，製作している障害者サービス用資料の製作着手・受入情報のコンピュータ入力を開始しました（「NLB点字図書・録音図書目録」）。1995年5月には『これから始める図書館のための視覚障害者サービスマニュアル』を発行し，その後は『視覚障害者サービスマニュアル』として2000年と2007年に改訂を続けています。1997年5月には，現在の「近畿視覚障害者情報サービス研究協議会」と名称変更しています。

協議会には録音製作委員会・図書館サービス委員会・点字製作委員会の3委員会があり，2か月に一度委員会を開催し，情報交換と研究を行っています。またこのほかに，職員研修やボランティア研修なども行っています。2007年にはLLブック特別研究グループの活動を開始し，これまでにLL版図書館利用案内「ようこそ　図書館へ」を作成し，これを基に多くの図書館がLL版の利用案内を作成しています。また，「LLブック・マルチメディアデイジー資料リスト」の作成も行いました。なお，LLブック特別研究グループは協議会内での活動は2015年度に終了しました。

定期的な刊行物として，加盟館から障害者サービス用資料の完成図書情報を収集し，「NLB点字図書・録音図書新刊案内」を毎月印刷版と録音版で発行しています。

近畿視情協の加盟資格は，視覚障害者に対する情報提供サービスを行おうとしている施設，団体となっています。ボランティアグループでも入会可能です。会費は負担金と合わせて年間3万円です。

お問い合わせ：近畿視情協事務局

〒550-0002　大阪市西区江戸堀1丁目13番2号

日本ライトハウス情報文化センター内

TEL：06-6441-0015　FAX：06-6441-0095

E-mail:info@lnetk.jp

(2)　聴覚障害者情報提供施設

　聴覚障害者情報提供施設は，「身体障害者福祉法」の第34条に基づいて設置された施設です。たとえれば，点字図書館の聴覚障害版のような施設です。

　2017年現在，施設は全国に50以上あります。事業内容は，施設により若干異なりますが，テレビ番組への字幕や手話の挿入，字幕・手話を入れた施設の独自映像資料制作，字幕や手話付きビデオの貸出，手話通訳者や要約筆記者の養成・派遣，聴覚障害に関する相談業務などを行っています。

　各施設の設立，運営の形態はさまざまです。都道府県や市が設立し，地元の聴覚障害者団体などがかかわったり，社会福祉法人などを作って運営している場合があります。そのため，県内に複数の聴覚障害者情報提供施設が存在するところもあります。

　聴覚障害者情報提供施設は，映像物に字幕や手話を挿入する専門的な技術を持ち，聴覚障害に関して豊富な知識があります。図書館で字幕や手話付きの映像資料を制作するときや，聴覚障害者サービスを展開する上で，貴重なアドバイスがもらえるので，緊密な連携を図っていきたいところです。ただし，各施設により活動内容などに違いがあることがあります。

　聴覚障害者情報提供施設が独自に制作した字幕・手話付き

映像資料は，図書館が借り受けて利用者に貸出できる場合があります。また，現在はできなくても直接図書館に販売することを検討している施設もあります。

　これらのサービスは，施設により対応が異なりますので，利用の際は各施設に問い合わせてみてください。

7.3 特別支援教育・学校との連携

（1）　特別支援教育の現状

　特別支援教育というと，特別支援学校（従来の盲学校，ろう学校，養護学校）をイメージする人も少なくないでしょう。しかし，義務教育段階でみると，現状では，地域の小学校・中学校で特別支援教育を受けている子どものほうが多くなっています（図）。

　「障害者の権利に関する条約」の第24条では，「障害者を包容するあらゆる段階の教育制度」の確保，すなわち，インクルーシブ教育を求めており，文部科学省もその推進に取り組んでいます。したがって，今後も，小学校・中学校において特別支援教育を受ける子どもは増えていくと思われます。

　このことは，公共図書館が，特別支援学校の学校図書館だけでなく，小学校などの学校図書館とも，障害者サービスに関する連携を強化しなければならないことを意味しています。

　ところで，学校図書館とは，小学校，中学校，高等学校，義務教育学校，中等教育学校，特別支援学校に置かれる図書館を指します。その目的は，「学校の教育課程の展開に寄与するとともに，児童又は生徒の健全な教養を育成すること」です（「学校図書館法」第2条）。

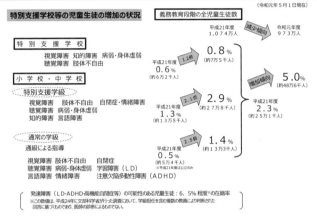

図　義務教育段階の特別支援教育の現状

出典：文部科学省ホームページ（https://www.mext.go.jp/content/20210412-mxt_tokubetu01-000012615_10.pdf）

(2)　特別支援学校の学校図書館との連携

　特別支援学校では，小学校に相当する小学部から高等学校に相当する高等部までを設置している学校が多く，幼稚園に相当する幼稚部，高等部卒業後に進学して専門教育を受ける高等部専攻科を設けているところもあります。したがって，学校図書館には，幅広い年齢層の読書や学習のニーズと障害特性に応じた資料や各種サービスの提供が求められるのです。

　ただし，特別支援学校の学校図書館の多くは，以下のような厳しい現状にあります。文部科学省が公表した「平成28年度学校図書館の現状に関する調査」の結果では，たとえば，学校司書の配置率は1割程度（比較：小・中学校は6割，高校

は 7 割），国が定めた蔵書整備目標値である「学校図書館図書標準」を達成している割合は小学部で 14％，中学部で 3.7％（比較：小学校 66.4％，中学校 55.3％）などとなっています。

　こうした現状の中で，公共図書館との連携の持つ意味が大きいことはいうまでもありません。にもかかわらず，前述の調査結果では，特別支援学校の学校図書館で公共図書館との連携を実施している割合は 3 割程度であり，小学校の 82.2％，中学校の 57.5％，高等学校の 51.1％と大きな開きがあります。連携の内容としては，資料の借り受けが 8 割のほかは，公共図書館の司書による学校訪問が 2 割，公共図書館との定期的な連絡会の実施は 1 割にとどまっています。

　特別支援学校の大半は都道府県立です。都道府県立図書館と都道府県立高校の学校図書館を結ぶネットワークが構築されている地域は多いですが，特別支援学校の学校図書館を結ぶネットワークとなると，鳥取県立図書館など一部の地域での取り組みにとどまっています。ネットワークの構築を目標に据えて，まずは，一対一での連携の充実を図るべく，都道府県立図書館側からの積極的な働きかけが望まれます。

(3)　小・中・高校の学校図書館との連携

　小学校・中学校（それに準ずる義務教育学校，中等教育学校を含む）において，特別支援教育を受ける子どもが増えていることはすでに述べました。高等学校でも，発達障害のある子どもを中心に増加傾向にあります。

　「障害を理由とする差別の解消の推進に関する法律」（「障害者差別解消法」）の施行もあって，学校図書館としても障害のある子どもへの配慮に留意するようになってきています。

表　小・中・高校の学校図書館で取り組む配慮

	1 位	2 位	3 位	4 位
小学校	色の使い方の工夫（40.4％）	書架を低くする（31.7％）	点字資料の用意（24.7％）	拡大文字資料の用意（22.1％）
中学校	色の使い方の工夫（38.3％）	照明を明るくする（25.9％）	書架の間隔を広げる（23.5％）	拡大文字資料の用意（22.8％）
高等学校	色の使い方の工夫（40.2％）	照明を明るくする（35.0％）	書架の間隔を広げる（23.1％）	書架を低くする（17.9％）

出典：全国 SLA 調査部「2016 年度学校図書館調査報告」『学校図書館』
　　　793 号　2016　p.63 の表 2.

　全国学校図書館協議会（全国 SLA）が 2016 年度に行った「学校図書館調査」の結果では，小学校・中学校・高等学校ともに現在取り組んでいる配慮として「色の使い方の工夫」（色覚障害のある子どもへの配慮）が最多でした（表）。公共図書館から障害者サービスに関するさまざまな情報やノウハウの提供があれば，学校図書館における配慮のさらなる充実につながるでしょう。

　すでに述べた文部科学省の調査結果にもあるように，小学校・中学校・高等学校の学校図書館では公共図書館との連携が進みつつあります。公共図書館の側でも，学校図書館への支援をサービスの重点項目の 1 つに位置づけているところが増えています。しかし，学校図書館への支援の中に障害者サービスの視点も含めて取り組んでいる公共図書館がどれくらいあるでしょうか。今後は，障害者サービスの視点も含めて学校図書館との連携に取り組んでいく必要があります。

(4) その他の学校図書館との連携

　ここまで述べてきた学校のほかにも，学校および学校に相当する機能を担う施設に，図書館や図書室が設けられています。たとえば，幼稚園，各種の専門学校，外国人学校，「学校教育法」第1条に定める学校の教育課程に準ずる教育を行う少年院などです。

　これらの学校などでも障害のある子どもが学んでいますので，その図書館・図書室との連携も忘れてはなりません（大学図書館については次節で述べます）。公共図書館の障害者サービス担当者は，学校図書館支援の担当者とともに，地域の中にどのような学校があるのかを把握し，どのような連携が可能なのかを常に模索しながら実務にあたってほしいと思います。

7.4 大学，大学図書館との連携

(1) 大学における障害学生の現状

　大学（以下，短期大学，高等専門学校を含む）における障害学生の状況については，日本学生支援機構が毎年実態調査を行っています。

　2019年度の調査結果を見てみると，障害学生の在籍する大学は880校で，全大学に対する割合は74.5％にのぼります。また，障害学生の数は約3.4万人で，全学生に対する割合は0.68％です。障害別の割合は，多い順に病弱・虚弱29.8％，精神障害27.1％，発達障害15.8％，肢体不自由11.7％，聴覚・言語障害8.0％，視覚障害3.5％などとなっています。

　障害学生の数，在籍する大学の数ともに，年々増加傾向に

あります。障害学生への支援は，決して一部の大学だけの実践課題ではないのです。

(2) 障害学生支援と大学図書館

　大学において，障害学生支援に組織的に取り組むようになるのは，比較的最近のことです。それ以前は，障害学生本人が人づてにボランティアを集めて，講義資料の代読や，講義内容のノートテイクなどを頼んでいました（今でもそうした光景は見られます）。

　大学における障害学生支援は，現在，そのための部署（「障害学生支援室」など）を設け，そこが中心となって担うことが多くなっています。

　障害者差別解消法の施行もあり，障害学生支援の内実は徐々に充実し始めています。ところが，障害学生支援の枠組みから大学図書館が抜け落ちているケースも少なくありません。大学での学修や研究は，ただ講義を受けていれば成されるわけではありません。主体的に大学図書館を活用して，さまざまな文献や情報に当たることが欠かせません。障害の有無に関係なくすべての学生に等しく学修と研究を保障するために，大学図書館として障害学生をどう支援していけるかが問われています。

　本書の第9章では，筑波技術大学附属図書館と立命館大学図書館の事例を紹介していますので，ぜひ参考にしてください。

　なお，大学図書館における障害学生支援の現状については，国立大学図書館協議会が国立大学図書館を対象に実施した調査「大学図書館における身体障害者サービスの実態」（1997年

6月公表）以降行われておらず，つまびらかではありません。同種の調査が待たれるところです。

(3) 大学図書館との連携

　障害学生への支援として大学図書館が行うべきことは，学術文献や情報の拡大・点字・録音・テキストデータなど複製物の作成と提供です。そして，それを行うためにはさまざまな障害者サービス用資料を製作している国立国会図書館，他の大学図書館，公共図書館（特に都道府県立図書館），視聴覚障害者情報提供施設との連携が欠かせません。1館単独では，提供できる学術文献や情報の数に限界があるからです。「サピエ」や，国立国会図書館の「視覚障害者等用データ送信サービス」の活用も効果的です。さらに，大学図書館が製作したそれらの資料データを視覚障害者等用データ送信サービスに登録することにより，多くの障害者への情報提供も可能となります。そのためにも，複製作業や館内での対面朗読サービス等を担う図書館協力者やボランティアの確保と連携も，今後ますます重要となってくるでしょう。

　翻って，公共図書館にとっても，利用者から拡大・点字・録音・テキストデータ等の形態での学術文献や情報の提供を求められた場合に備えて，日頃から大学図書館との連携を図っておくことも大切です。

7.5 国際図書館連盟(IFLA)の活動

(1) IFLAと障害者に関する分科会

　国際図書館連盟（IFLA）は，図書館，情報サービスおよび利

34

用者の利益を代表する非営利の国際組織です。1927年に創立され，2016年3月で世界140か国，1,300以上の図書館および情報関連団体が加入しています。以前は各国図書館協会にしか会員としての投票権がありませんでしたが，1976年の規約改正により，国立図書館や大学図書館，個々の図書館や機関にも投票権が与えられるようになりました。これによりIFLAの正式名称に，「諸機関」（Institution）が加えられ，現在の正式名称である International Federation of Library Associations and Institutions となっています。本部は，オランダのハーグにあります。

　IFLAの目的は，高度な図書館と情報サービスの提供を推進し，よりよい図書館と情報サービスの価値について，幅広い理解を促進し，会員団体の利益を代弁することにあります。この目標の実現のために，IFLAは「世界人権宣言」に基づき，表現の自由とともに情報のアクセスを推進しています。

　また，国連が提唱する「持続可能な開発のための2030アジェンダ」（「国連2030アジェンダ」）を背景に，IFLAは「情報通信技術（ICTs）の利用可能性に支えられた，社会全体における情報と知識へのアクセスの増進が持続可能な開発を後押しし，人々の生活を向上させると信じ」，そのための活動を積極的に行っています。これにより図書館の障害者サービスの分野においても重要な役割を果たすこととなりました。

　IFLA年次大会は，世界各地の都市の持ち回りで8月に開催され，3,000人以上の図書館関係者が集います。1986年に開催された東京大会では，日本で行われている対面朗読等の障害者サービスが紹介されました。さらに，その会議で，世界中で共有できるデジタルの録音図書について議論され，デ

イジー開発のきっかけとなりました。

　IFLA には，障害者関連の分科会として，LSN（Library Services to People with Special Needs：特別なニーズのある人々に対する図書館サービス）と LPD（Library Serving Persons with Print Disabilities：印刷物を読むことに障害がある人々のための図書館）があります。この 2 つの分科会は，IFLA において特に，図書館における障害者の情報のアクセスと著作権に焦点を当てた活動を行ってきました。

　その他に，MCULTP（Library Services to Multicultural Populations Section：多文化社会図書館サービス）などの関連する分科会があります。

　これら分科会の活動は，世界のさまざまな国の図書館関係者に障害者サービスの推進を促しています。

(2) 特別なニーズのある人々に対する図書館サービス分科会（LSN）

　LSN は，図書館サービス部会に属しています。IFLA 最古の分科会で，1931 年に病院図書館小委員会として創設されました。病院にいる，通常の図書館資料を利用できない人々に対する専門的な図書館サービスの提供が目的でしたが，活動を通して入院の直接の理由ではないものの，さまざまな障害のために特別な資料やサービスを必要としている患者の存在に気がつきました。そして，1980 年代からは，それまで重視してこなかった図書館利用に障害がある人々に対するサービスへの関心が高まり，サービスの対象が，病院患者，受刑者，老人施設に入所している高齢者，在宅患者，聴覚障害者，身体，ディスレクシア，認知症など広範囲になっていきました。

そのような状況を反映して，分科会の名前の変更が求められ，2008 年に現在の名称になりました。その後も対象を広げていき，ホームレスの人々にも焦点をあてるようになり，2017 年 8 月，彼らのための図書館サービスガイドラインを出版しました。

　LSN は，対象者の各分野で幅広い専門知識を持つ常任委員がおり，特別なニーズのある人々に対する図書館サービスのガイドラインの作成を続けています。それらは，多くの言語に翻訳されて，これまで LSN から出版された IFLA 専門報告書の 50％近くを占めています。日本語で翻訳されているものとしては，たとえば，「聴覚障害のための図書館サービスガイドライン」「読みやすい図書ガイドライン」「病院図書館のためのガイドライン」などがあります。

(3)　印刷物を読むことに障害がある人々のための図書館分科会（LPD）

　LPD は以前，SLB（Section of Libraries for the Blind）と呼ばれ，視覚障害者に対するサービスを主としていました。前述の LSN から 1997 年に分離独立した分科会です。2008 年以降は館種部会（Division of Library Types）に属しています。

　欧州各国は，2001 年の「EU 指令」に従い著作権法を改正し，通常の印刷物では読めない障害（プリントディスアビリティ）を対象とした図書館サービスに関心を示していきました。その背景には，1996 年に同分科会の常任委員が中心となって設立した DAISY コンソーシアムがあり，現在も同コンソーシアムの会員団体が LPD の活動に積極的にかかわっていることも，その理由となっています。

そのような状況を反映して，デイジーの発展を軸とする
LPD の活動が広がり，2008 年に現在の分科会名に変更され
ました。

　また LPD は，デイジー図書などアクセシブルな出版物の
国際的な相互貸借を可能にするグローバル・ライブラリーの
構築に向けたプロジェクトを立ち上げました。ところが，こ
のプロジェクトの推進を阻むものとして著作権法の問題があ
り，それを解消する必要がありました。そこで，世界盲人連
合など当事者団体や DAISY コンソーシアムと協力して，強
制力のある新条約を作ることを世界知的所有権機関（WIPO）
に対して求めました。その結果，2013 年に「マラケシュ条約」
（「盲人，視覚障害者及び読字障害者の出版物へのアクセス促進のた
めのマラケシュ条約」）[1) が WIPO の加盟国により採択され，
2016 年 9 月に発効されました。さらに LDP の会員団体は，
本条約の採択後も，WIPO が主導して設立したアクセシブ
ル・ブック・コンソーシアム（ABC）に協力して，デイジー・
点字・大活字・その他のアクセシブルなフォーマットのデー
タの蓄積に協力しています。

7.6 役に立つ専門機関・NPO・グループの紹介

　障害者サービスを推進するにあたり，障害に関する情報，
資料の制作，障害者への情報提供方法などについて，支援を
得られる専門機関，NPO，ボランティアグループがあります。
主なものを以下に紹介します。

38

(1)　視覚障害者関連情報提供施設等

社会福祉法人京都ライトハウス情報ステーション

社会福祉法人名古屋ライトハウス名古屋盲人情報文化センター

社会福祉法人日本点字図書館

社会福祉法人日本視覚障害者団体連合

社会福祉法人日本ライトハウス情報文化センター

(2)　聴覚障害者関連情報提供施設等

一般財団法人熊本県ろう者福祉協会熊本県聴覚障害者情報提供センター

一般社団法人全日本難聴者・中途失聴者団体連合会

一般財団法人全日本ろうあ連盟

社会福祉法人京都聴覚言語障害者福祉協会京都市聴覚言語障害センター

社会福祉法人全国手話研修センター

社会福祉法人全国盲ろう者協会

社会福祉法人聴力障害者情報文化センター

(3)　障害者全般について

①　公共機関

市区町村の障害福祉の担当課

市町村の地域包括支援センター
（高齢者についての相談など）

都道府県・市町村の社会福祉協議会

都道府県・指定都市・中核市・特別区の保健所
（精神障害・難病についての相談など）

都道府県・指定都市の児童相談所
（18歳未満の身体・知的・発達障害児についての相談など）
　都道府県・指定都市の身体障害者更生相談所
（身体障害者についての相談など）
　都道府県・指定都市の精神保健福祉センター
（精神障害者についての相談など）
　都道府県・指定都市の知的障害者更生相談所
（知的障害者についての相談など）
　都道府県・指定都市の発達障害者支援センター
（発達障害者についての相談など）
※なお，窓口の統合などにより施設の名称や管轄が違う場合があり
　ます。自治体ごとにご確認ください。

②　公共機関以外
公益財団法人日本障害者リハビリテーション協会
社会福祉法人日本身体障害者団体連合会
障害者の生活と権利を守る全国連絡協議会
特定非営利活動法人日本障害者協議会

（4）　障害者などのための日常生活用品の標準化を行ってい
　　る機関
公益財団法人共用品推進機構

（5）　点字図書の製作・販売を行っている機関
　社会福祉法人日本盲人社会福祉施設協議会点字出版部会
（26施設）
　点字つき絵本の出版と普及を考える会

（偕成社・こぐま社・小学館・福音館書店・岩崎書店・PHP 研究所・
講談社・童心社・ユニバーサルデザイン絵本センター・BL 出版）

(6)　録音図書・オーディオブックの製作・販売を行っている機関

株式会社オトバンク
株式会社音訳サービス・J
公益財団法人日本障害者リハビリテーション協会
ことのは出版株式会社
埼玉福祉会サイフク AV ライブラリーオンライン
社会福祉法人日本点字図書館
社会福祉法人日本ライトハウス情報文化センター

(7)　大活字図書の製作・販売を専門的に行っている機関

社会福祉法人埼玉福祉会
特定非営利活動法人大活字文化普及協会
有限会社読書工房

(8)　障害者用の機器やパソコン，デイジー関連機器・ソフトウェアなどを専門的に扱っている機関

アイネット株式会社
株式会社アイフレンズ
株式会社アクセス・テクノロジー
株式会社アメディア
株式会社高知システム開発
株式会社システムギアビジョン
株式会社テクノメイト

株式会社ラビット

ケージーエス株式会社

シナノケンシ株式会社

社会福祉法人名古屋ライトハウス名古屋盲人情報文化センター用具販売

社会福祉法人日本点字図書館用具事業課

社会福祉法人日本盲人会連合用具購買所

社会福祉法人日本ライトハウス情報文化センターサービス係

有限会社アットイーズ

有限会社サイパック

(9) 専門ボランティアグループ・団体

① 点訳・音訳

アイサポート Kirara

埼玉県点訳研究会

全国音訳ボランティアネットワーク

てんやく絵本ふれあい文庫（市販の絵本に透明の点字シート貼ったものを作成）

特定非営利活動法人にじの会

② 布の絵本製作グループ

ぐるーぷ・もこもこ

公益財団法人ふきのとう文庫

東京布の絵本連絡会

よこはま布えほんぐるーぷ

③　マルチメディアデイジー関連団体

公益財団法人伊藤忠記念財団

公益財団法人日本障害者リハビリテーション協会

社会福祉法人日本ライトハウス情報文化センター

調布デイジー

特定非営利活動法人支援技術開発機構

特定非営利活動法人 DAISY TOKYO

特定非営利活動法人デイジー枚方

特定非営利活動法人デジタル編集協議会ひなぎく

特定非営利活動法人 NaD

立命館大学 DAISY 研究会

④　その他

多文化サービス　むすびめの会

補記

以下の団体等の加盟施設も図書館との連携が考えられます。

全視情協－会員施設・団体

http://www.naiiv.net/about/?kaiin-sisetu

サピエ会員施設・団体一覧

https://member.sapie.or.jp/institutions/block

各聴覚障害者情報提供施設のリンク

http://www.zencho.or.jp/link

注

1)　「盲人，視覚障害者及び読字障害者の出版物へのアクセス促進のための
マラケシュ条約」は 2018 年 4 月 25 日に国会で日本政府公定訳が

承認されたことにより，現在は「盲人，視覚障害者その他の印刷物の判読に障害のある者が発行された著作物を利用する機会を促進するマラケシュ条約」と統一されています。

参考文献

野村美佐子「第2章：IFLA から見る世界の図書館における障害者サービスの動向」『公共図書館における障害者サービスに関する調査研究』国立国会図書館　2012.3　p.10-14

障害保健福祉研究情報システム「国際図書館連盟」（International Federation of Library Associations and Institutions：IFLA）

http://www.dinf.ne.jp/doc/japanese/glossary/IFLA.html

8章 公共図書館の先進事例

8.1 国立国会図書館

(1) はじめに

　国立国会図書館は，1975 年に学術文献の録音図書の製作と提供を開始して以来，障害者サービスを実施している各種図書館に対する支援や協力事業を行っています。日本唯一の国立図書館として全国にサービスを提供するという立場から，図書館協力を通じたサービスに注力していましたが，2014 年 1 月には「視覚障害者等用データ送信サービス」を開始し，インターネットを経由して視覚障害者等の個人にも直接サービスを提供するようになりました。

　また，国立国会図書館は，障害者サービスの実施に関する具体的な方策を示すものとして，2011 年に「視覚障害者等サービス実施計画」，2014 年に「視覚障害者等サービス実施計画 2014-2016」を策定し，障害者サービスに関する諸施策を実施してきました。2017 年 3 月には「障害者サービス実施計画 2017-2020」を策定し，2017 年度から 2020 年度までの 4 年間に実施する具体的な施策を示しています。紙幅の関係ですべてを紹介することはできませんが，本稿では，新たに策定された「障害者サービス実施計画 2017-2020」の内容に触れつつ，障害者サービスを実施する図書館への協力事業を中心

に紹介します。

(2)　国立国会図書館の障害者差別解消法への対応

　「障害を理由とする差別の解消の推進に関する法律」（平成25年法律第65号。以下，「障害者差別解消法」）では，国の行政機関に対して合理的配慮の提供等の義務が課されています。

　そして，立法府に属する国立国会図書館においても，障害を理由とする差別の解消を推進することに取り組むことが望ましいことから，同法の趣旨を踏まえて「対応要領」を策定し，障害者差別解消法の施行日と同じ2016年4月1日に施行しました。この「対応要領」は，国立国会図書館の職員が職務を遂行するにあたり，障害を理由として，障害のある人の権利利益を侵害することがないよう，服務上の指針とするものです。具体的には，障害のある人へ適切な合理的配慮の提供を行うため，施設・設備や情報アクセシビリティ等の環境の整備のほか，相談の体制や職員の研修・啓発等についても定めています。

(3)　学術文献録音サービス

　国立国会図書館は，録音図書の製作を1975年に開始しました。障害者サービスを行っている各種図書館への支援を目的とすることから，各図書館では製作が難しい専門性が高い学術文献を録音図書にしています。

　録音図書の形式は，製作を開始した1975年当初，カセットテープで提供していましたが，2002年以降の製作分からはそれまでのアナログ録音に代わり，デジタル録音図書規格のデイジー形式で製作し，CD-ROMで提供するようになりました。

国立国会図書館のこれまでの製作点数は，製作を開始した1975年から2018年3月末までの間に，カセットテープ2,112冊分，音声デイジー1,092冊分で，計3,204冊分になります。分野としては，前述のように学術文献を対象としているため，哲学，歴史，社会科学，自然科学が多く，また自然科学分野では，特に東洋医学などの医学関係のものが，自然科学分野の8割以上，録音図書全体でも約2割を占めています。

　利用者は，国立国会図書館の貸出承認館になっている最寄りの公共図書館，視覚障害者情報提供施設（いわゆる「点字図書館」），大学図書館などを通じて，学術文献録音図書を取り寄せて利用できます。貸出を依頼された学術文献の録音図書がまだ製作されていなかった場合は，貸出承認館を通じた製作依頼も受け付けています。1975年に130館が貸出承認館になって開始した本サービスも，現在（2018年2月末時点）では343館の貸出承認館を通じて学術文献録音図書を提供するようになっています。また，デイジー形式で製作された録音図書は，後述する視覚障害者等用データ送信サービスにより，インターネットを通じて直接データを提供しています。

　2,112冊分のカセットテープのうち，デイジー形式でデジタル化されているものは，570冊分にとどまっています。残りはまだカセットテープのみの提供になっているため，デイジー形式によって順次デジタル化を進めています。

　本稿を執筆している2018年2月末時点では，学術文献録音図書の利用資格に18歳以上という年齢制限が設けられています。今後，この年齢制限を廃止することで，18歳未満の視覚障害者等に学術文献録音図書を利用できるようにし，さらに学校図書館への貸出も可能とする予定です。

また，国立国会図書館は，この40年間，録音図書の製作に注力してきましたが，2017年度からは学術文献のテキストデータを試行的に製作しています。そして，学術文献の代替資料の迅速な提供を求める要望に応えるため，最終成果物であるテキストデイジーとして構造化する前に，その中間生成物であるテキストデータを提供するなど，中間生成物であっても利用者が利用できるものであれば迅速に提供できるように検討していく予定です。これらの試行と検討の結果を踏まえて，2020年度までにテキストデータ製作の実施体制等を構築する予定です。

（4）　障害者向け資料の統合検索サービス

　点字図書や録音図書は製作に時間やコストが非常にかかるため，1つの施設で製作できる点数は限られています。そこで，限られた貴重な障害者向け資料を最大限に活用し，その資料を必要とする者が利用できるようにするためには，どのような資料がどこで作られ，どこで利用できるのかを知ることが重要になります。それらの情報を的確に得られるようにし，館種を越えた全国的な図書館間相互貸借を支援するとともに，同じ資料の重複製作を防ぐため，国立国会図書館は，国内の公共図書館，点字図書館等で製作され，所蔵されている点字資料と録音図書の書誌と所蔵情報を収集し，『点字図書・録音図書全国総合目録』（以下，「点録全総目」）として提供してきました。

　点録全総目は，国際障害者年にあたる1981年に編纂が開始され，その第1号が1982年に冊子体として刊行されました。現在の点録全総目はデータベース化され，国立国会図書館サ

48

ーチ障害者向け資料検索（2.3(1)参照）の中で提供されています。

　日本ではこの点録全総目のほかに，サピエ図書館が視覚障害者等向け資料の総合目録を提供しています。そこで，利用者や障害者サービスを担当する図書館関係者が複数のデータベースを検索しなくてもよいように，国立国会図書館は点録全総目やサピエ図書館などを包括的に検索できる統合検索サービス「国立国会図書館サーチ　障害者向け資料検索」を，2012年1月から提供しています。この統合検索サービスについては，2.3(1)で紹介されていますので，詳細な説明は省略しますが，国立国会図書館総合目録ネットワークのシステム連携による検索対象の拡充や，これまで「点字図書・録音図書全国総合目録」事業の中で収集してきた他機関製作資料の書誌・所蔵情報の収録対象に点字図書・録音図書以外の障害者用資料を加えることで，国立国会図書館サーチの検索対象の充実を図る予定です。

(5)　視覚障害者等用データの収集および送信サービス

　視覚障害者等用データの収集および送信サービスは，デイジーや点字データなどの視覚障害者等向けに全国の図書館等が製作したデータ（視覚障害者等用データ）を収集し，インターネットを通じて送信しているサービスで，2014年1月に開始されています。

　点録全総目は，各図書館の資料の所蔵情報を共有し，相互貸借を促進することで，国内の障害者向け資料の共有を目指すものですが，データそのものを共有するこのサービスはそれをさらに深化させるものだといえます。

サービス開始当初は，データの収集対象を公共図書館が製作した音声デイジーと点字データに限定していましたが，2016年3月からは収集対象機関を著作権法第37条第3項で複製を認められる機関すべてに拡大し，また，収集するデータ種別にマルチメディアデイジー，テキストデイジー，プレーンテキストを追加しました（ただし，サピエ図書館ですでにデータが収集されている機関は除きます）。

　国立国会図書館が収集した他機関製作のデータと，国立国会図書館が製作した学術文献録音図書デイジー等は，インターネットを通じて提供されています。利用できる点数は，2018年2月末現在，以下の表のとおり，計15,514点です。

　このサービスに「送信承認館」として登録している公共図書館，大学図書館，点字図書館等は，施設内の端末で利用者に提供することや，CDやUSBメモリなどにダウンロードし，それを利用者の自宅に郵送するといった方法でデータを提供

表　視覚障害者等用データの送信サービスの提供コンテンツ数

（2018年2月末現在）

	国立国会図書館製作	他機関製作	合計
音声デイジー	1,168点	13,569点	14,737点
マルチメディアデイジー	0点	32点	32点
テキストデイジー	3点	3点	6点
プレーンテキスト	0点	178点	178点
点字データ	18点	543点	561点
合計	1,189点	14,325点	15,514点

することができます。また，この送信サービスは，個人の利用者が視覚障害者等として国立国会図書館で利用者登録することにより，自宅からインターネットを通じて直接利用することができます。

2014年6月にはサピエ図書館とのシステム連携が実現し，プレーンテキストを除き，このサービスで提供する全データをサピエ図書館の施設会員と個人会員がサピエ図書館上で利用できるようになりました。サピエ図書館には，1万5千人以上の個人会員がいますので，このシステム連携によって，1つのサービス上で双方のデータが利用できるようになった意義は非常に大きいと思われます。

本稿を執筆している2018年2月末時点では，上述の学術文献録音図書と同様に，視覚障害者等用データの利用資格に18歳以上という年齢制限が設けられています。今後，規則を改正してこの年齢制限を廃止し，18歳未満の視覚障害者等の人も国立国会図書館の送信サービスを利用できるようにする予定です。同時に，学校図書館も送信承認館になることができるようにし，学校図書館が生徒に国立国会図書館の視覚障害者等用データを提供できるようにする予定です。

サピエ図書館と国立国会図書館が連携してデータを収集することで，視覚障害者等用データの全国規模の収集とそれを共有する体制が実現することができました。しかし，現在は，まだ著作権法第37条第3項で製作されたデータの一部しか収集できていません。今後は，国内の関係機関が製作する視覚障害者等用データを収集し，それらを幅広く視覚障害者等に提供できるようにしていくようになるでしょう。

(6) 図書館職員向けの研修（障害者サービス担当職員向け講座）

国立国会図書館は，障害者サービスを実施する図書館の人材育成を支援するため，図書館職員の障害者サービスの基礎的な知識および技術の習得を目的とする研修「障害者サービス担当職員向け講座」を，日本図書館協会との共催で毎年秋に開催しています。

本講座は，国立国会図書館関西館で行われるおおむね2日間の講義と，公共図書館や点字図書館での1日間の実習で構成されています。関西館で行われる講義では，障害者サービスの基礎的な知識から視覚障害者，聴覚障害者に対する図書館サービスなど，基礎から各論的な科目まで幅広く用意され，数日の講義で障害者サービスに必要な基礎的な知識を体系的に習得することができるようになっています。実習では，近畿圏の障害者サービスを実施している公共図書館や点字図書館に受講生が赴き，障害者サービスの実際の実務を経験します。

この講座は，障害者サービスを担当する図書館職員が集まるため，人的なつながりを生む場にもなっています。障害者サービスは他の図書館との連携が非常に重要なサービスであるため，本講座で生まれた担当職員間の有機的なつながりが障害者サービスの業務にさまざまな形で生かされていると思われます。

(7) おわりに

国立国会図書館は，今まで紹介した事業のほかに，納本や寄贈などによって収集した点字図書，大活字本，拡大写本の

図書館に対する貸出サービスも行っています。また，一般資料の貸出においても，図書館内での対面朗読または点訳・音訳による複製の目的の貸出であれば，通常の貸出期間の1か月に加えてさらに1か月間の延長を可能とするなどの対応をとっています。

　国立国会図書館が行う障害者図書館協力事業は，障害者差別解消法第5条でいうところの「基礎的環境整備」（事前的改善措置）を支援するものになります。各図書館の環境整備をバックアップすることで，間接的には合理的配慮の提供範囲の拡大を支援しているともいえます。今後も国立国会図書館は関係機関等と連携することによって，障害者サービスを行う機関にも障害のある方にも，より使いやすく，充実したサービスとなるように努力していきます。

8.2 鳥取県立図書館

(1)　図書館の概要

　鳥取県立図書館は県東部の鳥取市に位置し，1990年，現在の場所に新築・移転しました。2017年度の蔵書冊数は約114万冊，貸出冊数は約56万2千冊です。2006年に，これからの鳥取県立図書館が目指す姿を実現するため「鳥取県立図書館の目指す図書館像」[1]を策定し，「県民に役立ち地域に貢献する図書館」というミッションを掲げ，ビジネス支援，医療・健康情報サービス，子育て支援などさまざまなサービスに取り組んでいます。その1つ，障害者サービスは，図書館像の3つの柱の1つである「仕事とくらしに役立つ図書館」の中の「豊かなくらしへの貢献」に位置づけて，推進しています。

(2)　実施している障害者サービス

　鳥取県立図書館では,「はーとふるサービス」という名称で
障害者サービスを実施しています。最も大切にしていること
は, 名称のとおり「はーとふるマインド (心のこもった対応)」
と「ネットワーク」です。大きな契機となった出来事がいく
つかあり, サービス内容が少しずつ進化しています。

①　障害者サービス委員会の発足

　2010 年, 館内の課や係を横断したメンバーによる障害者サ
ービス委員会を組織し, 館全体でサービスを実施する体制を
整え, 一歩一歩サービスの充実を進めています。

　ア　特別支援学校への支援

　特別支援学校からの要請もあり, 2007 年から県内の特別支
援学校図書館へ支援を開始しました。整備された物流システ
ムによるリクエスト資料の搬送をはじめ, 大活字本セット,
現場のニーズを把握している特別支援学校の司書教諭や学校
司書が選定した特別支援学校用セット, 大型絵本, その他授
業に活用できる資料を貸出しています。また, LL ブック, 布
絵本, マルチメディアデイジー, 点字資料および大活字本が
入った「はーとふるセット」は, 特別支援学校や, 高等学校
の人権教育や展示などに利用されています。

　こうした資料面での支援だけではなく, 児童・生徒への図
書館セミナーや館内ツアー, 職場体験学習の受入れなど, 図
書館を利用するきっかけ作りに努めています。また, 職員が
学校図書館に出向き, 図書館活用についてのアドバイスや学
校からの要望に対応する訪問相談も行っています。

　このようにさまざまなニーズに対応してきた成果として,

54

2006年度の貸出冊数は約4千冊でしたが，着実に増加し，2017年度は1万4千冊と，特別支援学校の利用が着実に増えています。

　イ　障害者サービスに関する研修

　多様化する県民のニーズに対応するため，公共図書館・学校図書館職員のスキルアップを目的に，さまざまなテーマで図書館業務専門講座を開催しています。課題の1つでもあった「研修の機会」を保障するため，2011年からは障害者サービスの研修も実施しています。全国的に著名な講師を招き，障害者サービスの理念やノウハウなどを学び，職員のスキルや意識の向上につなげています。

　ウ　バリアフリー映画上映会の開催

　誰もが映画を楽しめるように，またバリアフリー映画の周知を目的に，2011年から音声ガイド・字幕付きのバリアフリー映画上映会を開催しています。上映前に行う「はーとふるサービス」の紹介には手話通訳が付き，最寄りのバス停までの送迎サービスを行い，会場には磁気ループ，車椅子席を設置し，バリアフリーな対応と環境整備に努めています。参加者は聴覚に障害がある方も含め，毎回100人前後で大変盛況です。

　エ　「はーとふるサービスコーナー」[2]の設置

　イベント，研修，図書館ツアーなど，さまざまな場で「はーとふるサービス」の広報に努めてきましたが，多くの方から広報不足を指摘されました。そこで，サービスを積極的に見せて広報してみようと考え，2012年，館内にさまざまな障害者サービス資料を展示した「はーとふるサービスコーナー」を設置しました。ここには，デイジーの体験コーナーも設け

ています。

　オ　サピエ図書館を活用した録音図書の貸出

　2013年9月から，高齢や病気で文字が読みづらくなった方や視覚に障害がある方などへ，サピエ図書館の音声デイジーデータを，携帯プレーヤーやCDにダウンロードして貸出するサービスを始めています。携帯プレーヤーそのもの，CDの場合はプレクストークやMP3対応のCDプレーヤーと一緒に貸出するので，再生機器を持っていない人も気軽に利用できます。

　また，県内全域にサービスが行き届くように，市町村・学校図書館を通して協力貸出も行っています。

　利用者1人にカセットテープを郵送貸出していた2005年度には貸出点数は36点でしたが，2017年度は920点と利用が増加し，「再び本を楽しむことができるようになり感謝している」という感想も寄せられています。

②　全国初の「手話言語条例」制定

　2013年10月11日，鳥取県で全国初となる手話言語条例が制定されました。手話が言語であるとの認識に基づき，手話の普及のための施策を推進し，ろう者とろう者以外の者が共生する地域社会の実現を目指すものです。この条例の制定が，聴覚障害者サービスを見直す大きな契機となりました。詳細は，当館の特徴のある障害者サービスとして後述します。

③　障害者差別解消法施行

　2016年4月に障害者差別解消法が施行されたことも，サービス推進の大きな契機となりました。「合理的配慮の提供」

について理解を深め，図書館がやるべきことを明確にするために，2015年度に，前述の図書館業務専門講座で障害者差別解消法をテーマとした研修を2回開催しました。

2016年度は，新規事業「障害者に配慮した『はーとふるサービス』推進事業」で，支援機器の導入，聴覚障害者に対する図書館広報，そして職員研修「障害を理解する研修」を実施しました。合理的配慮の提供には図書館の環境整備も大切ですが，それ以上に職員の意識，支援体制が大切であると考えたからです。まず障害を正しく理解することがサービスの充実につながると考え，研修では，第1回は視覚障害者，聴覚障害者の方に，第2回は発達障害がある方に，第3回は肢体不自由のある方に，それぞれ障害の特性や支援方法についてお話をしていただきました。また，このような取り組みを県内に広く普及していく必要があると考え，市町村図書館の職員も受講できるようにし，研修を深めました。

(3)　特徴のある障害者サービス

前述したように，鳥取県手話言語条例制定を契機に動き始めた聴覚障害者サービスは，当館の特徴のあるサービスの1つです。また，「Library of the Year 2016」で，鳥取県立図書館と県内図書館ネットワークが「ライブラリアンシップ賞」を受賞しましたが，図書館に限らずさまざまな関係機関との「ネットワーク」も，鳥取県立図書館の障害者サービスの特色であるといえます。

① 聴覚障害者サービスの推進

ア 「知ろう！学ぼう！楽しもう！みんなの手話コーナー」[3]の設置

2014年7月，県民の手話への理解を深め，手話を学ぶ人に参考となるよう，手話関連の本のコーナーを開設しました。「手話を知ろう！」「手話を学ぼう！」「手話を楽しもう！」「手話のDVD」「障害を理解しよう」の5テーマに分け，手話学習に役立つ本，手話付き絵本や手話ソングなど親しみやすい本，童話，落語，がん検診などの手話付きDVDなどさまざまな資料を並べています。「障害を理解しよう」には，聴覚障害について理解を深めるために，ろう教育の歴史，聴覚障害者のエッセイなどを置いています。その中に『遙かなる甲子園』[4]，『わが指のオーケストラ』[5]という漫画があります。これらは，当時の鳥取県障がい福祉課長から，ろう者や手話についての理解が深まる資料であり，貸出してほしいという要望があり収集したものです。鳥取県立図書館では県出身者の漫画のみ収集し，貸出はしていませんが，これらの漫画は聴覚障害者の理解に役立つ資料ということで特別に貸出しています。

イ 「手話で楽しむおはなし会」の開催

元鳥取県立聾学校の先生から，ろうの子どもたちも参加できるよう実施してほしいという強い希望があり，始めたおはなし会で，毎月第4日曜日に開催しています。誰もが楽しめるように，絵本を楽しみながら手話に親しんでいただけるように，職員による絵本の読み聞かせに手話通訳が付きます。また，参加者のみなさんと一緒に手話を覚える時間もあります。聴覚に障害のある方，親子連れ，手話を学習している方

58

など参加者はさまざまです。

　ウ　手話・字幕付き図書館紹介 DVD「ホンとに役立つ鳥取
　　　県立図書館活用術」制作

　図書館のさまざまなサービスや機能を誰もが理解できるように，手話・字幕付き図書館紹介 DVD を制作しました。この DVD は，県内の市町村立図書館，特別支援学校，障害者団体に配布し利用していただくとともに，ホームページでも動画[6]を公開しています。特別支援学校では，自立活動の授業や当館来館前のオリエンテーション，市町村立図書館では，手話学習や障害者への利用案内，鳥取県聴覚障害者協会では会員向けに紹介していただくなど，広く活用されています。

　エ　遠隔手話通訳サービス開始

　2015 年 1 月から，鳥取県障がい福祉課が実施している「ICT を活用した遠隔手話通訳サービスモデル事業」[7]を活用し，遠隔手話通訳サービスを行っています。これは，タブレットのテレビ電話機能を通じて，手話通訳センターに常駐する手話通訳者が画面越しに手話通訳を行い，来館された聴覚障害者の方との手話によるコミュニケーションをサポートするサービスです。同年 9 月からは，声を文字に変換して画面に表示する音声文字変換システムも導入し，手話を使わない難聴者や中途失聴者も便利に利用できるようにしています。

　オ　環境整備

　利用者が個別に必要とする合理的配慮を確実に提供できるようにするためには，基礎的な環境整備，つまり土台を充実させることが重要です。

　鳥取県では，情報アクセスへの困難がある聴覚・視覚に関する障害当事者に，情報アクセス・コミュニケーション環境

の向上を目的として，障害者団体と県各課の担当者とで意見交換を行う「情報アクセス・コミュニケーション研究会」を実施しています。その中で，公共施設の放送や磁気ループの不備が指摘され，図書館では「おしらせディスプレイ」と称し，利用案内，イベント，サービスなどの紹介，緊急時の内容や行動を文字情報で案内する大画面モニターを，1階と2階に設置しました。また，イベントや講演会などで使用する磁気ループも導入し，不便さを感じさせないよう心がけています。

　カ　研修と広報

　環境整備はもちろん必要ですが，費用面の問題や，物理的にできないこともあります。それを補えるのは職員のきめ細やかな支援であると思います。前述の「障害を理解する研修」では，聴覚障害者の方から障害の特性，職員の支援方法，図書館に対する要望についてお話していただき，今後の支援の参考となる多くのことを学びました。その中で，ろう者にとって一番のコミュニケーション手段が手話であることを知ったので，来館された際に少しでもコミュニケーションがとれるように，毎月2回，鳥取県聴覚障害者協会の職員の方を講師に手話勉強会を行ったり，毎週金曜日には職員朝礼でワンポイント手話などを実施しているところです。

　また，環境整備や職員研修を行っても，待っているだけでは図書館を利用していただくことはできません。鳥取県聴覚障害者協会に利用促進の方法をご相談したところ，やはり広報不足を指摘されました。そこで，協会からのアドバイスを基に，聴覚障害者の方のために図書館の活用法を紹介したチラシを作成・配布し，その後，実際に図書館を見学していた

60

写真　手話通訳付き図書館見学ツアー

だく図書館ツアーを開催しました。この図書館ツアーには手話通訳がつき，図書館が使える施設であることを理解していただくために，職員が館内をくまなく案内しました。

②　ネットワークで広げる障害者サービス

「Library of the Year 2016」で「ライブラリアンシップ賞」を受賞したことは，これまで県内の図書館，さまざまな機関と連携してサービスを実施することにより築いてきたネットワークが認められ，大きな励みとなりました。障害者サービスにおいても，市町村立図書館への普及，鳥取県所管課，障害者団体との協力・連携がなければ，ここまで推進することはできなかったでしょう。特に，障害者団体とのネットワークは重要です。相互に理解しあうことで，現在の課題や今後のサービスの方向性が見えてきます。また，障害がある方に図

書館を知っていただくきっかけにもなります。今後もアドバイスをいただきながら，サービスや職員の対応に活かしていきたいと思います。

(4) 課題，今後の展望

　障害者サービスの理念,「すべての人にすべての図書館サービス・資料を提供すること」はすべての図書館サービスの基本であり，この理念を支えているのは，人であると考えています。資料，環境，支援機器等がどんなに整備されていても，それは不便さを補う1つの手段であって，どんなに些細なことでも質問や相談ができる人の存在が，図書館に最も必要な資源であると思います。大切なのは職員の「はーとふるマインド−心のこもった支援体制」です。今後も県内のネットワークを活用し，相談，アドバイスをいただきながら，「はーとふるマインド」でさらにサービスを充実させていきたいと思います。

8.3 埼玉県立久喜図書館

(1) 図書館の概要

　埼玉県は人口720万人ほどで，ほぼ平坦な地形，日本で最も災害の少ないところともいわれています。市町村立図書館の設置率も高く，サービスも充実しています。県立図書館は，以前は4館ありましたが，中央図書館構想もあり徐々に削減されてきました。しかし，4つあった図書館を2つにしたことにより，資料を2館で収蔵することも困難となり，外部書庫を置いてそこで一部の資料の保管と配送を行っています。

現在，埼玉県立図書館は熊谷市と久喜市にあり，それぞれ
収集する資料の分野を分担しています。また，各館で特徴の
あるサービスを行っています。県立久喜図書館は，芸術・文
学・自然科学関係資料を収集し，児童サービス・障害者サー
ビスの中心館になっており，健康医療情報コーナーなどの特
徴のあるサービスを行っています。

　埼玉県立図書館は，県民や市町村立図書館からの多様な調
査研究への対応，埼玉関係資料の収集・提供，資料の物流を
含む市町村立図書館支援などに重きを置いてサービスを行っ
ています。

　職員体制は完全な司書職制度をとっていて，総務担当以外
はほぼ司書が配属されています。組織はグループ制で係・課
などの呼び方はありません（実質的には上下組織はあります）。
久喜図書館には障害者サービス担当があり，6人の司書が配
属されています。ほかの業務を兼務することはありません。
そして2人の視覚障害者職員がいることで，利用者に沿った
サービスを行うことと，サービスの継承につながっています。

　埼玉県立図書館の障害者サービスは，現在は廃止されてい
る旧県立浦和図書館が，1952年から点字資料の製作・提供を
開始し，旧県立川越図書館が1975年からサービスを開始す
るなど，長い歴史があるのも特徴です。県立久喜図書館は
1980年に開館しましたが，当初は障害奉仕課を設置し，開館
の前年から朗読者の養成を開始しています。

(2)　実施している障害者サービス

　障害者サービス担当では，視覚障害者等の活字による読書
の困難な人を対象に，主に障害者サービス用資料を用いたサ

ービスを行っています。他の担当では，児童サービス担当が布の絵本を製作して特別支援学校などに貸出を行っています。また，一般音楽 CD の視覚障害者への郵送貸出は視聴覚担当から行われています。さらに，参考調査グループが一般資料の郵送貸出を行っています。障害者へのサービスは，基本的にそれぞれできるところは自分で行うというスタンスです。障害者用資料の作成を含む，より専門的なサービスを，障害者サービス担当が行っています。

　障害者サービス担当では，利用者への直接サービスとして対面朗読と点字・録音資料などの貸出を行っています。

　対面朗読は予約制で，埼玉県立図書館に個人登録している音訳者が音訳しています。対面朗読室は 2 つあります。埼玉県立図書館の対面朗読の特徴は，専門分野が読める音訳者が多数いて，難しい内容のものが読めることと，長い時間にも対応できることです。また，丸一日の対面朗読に対応できます。そのため，県内の遠方からも利用者が来館されます。

　障害者サービス用資料の貸出で取り扱っている資料は，点字図書・雑誌，音声デイジー図書・雑誌，マルチメディアデイジー図書です。ほとんどが郵送で提供していますが，最近視覚障害者以外の利用者が増加し，無料の郵送ができないため，窓口での貸出や，市町村立図書館を窓口とした貸出も多くなってきました。特別支援学校や学級への貸出も行っていますが，近くの市町村立図書館への貸出が大きな割合を占めています。

　貸出の中心は音声デイジーです。デイジーの個人貸出が年間 2 万 1 千タイトル，点字が 1,400 タイトル程度です。登録利用者は 570 人くらいで若干減少ぎみでしたが，視覚障害者

等の新規登録が増えたためほぼ横ばい状態になっています。貸出数もわずかずつ減少気味です。ただ，2016年度に国立国会図書館へのデイジーデータの登録を開始し，インターネットによる直接利用が可能となりました。これにより，今までほとんど利用されることのなかった資料が，ダウンロードあるいはストリーミングにより活用されていることが確認できています。

　録音資料の製作や対面朗読は，埼玉県立図書館に個人登録している音訳者・デイジー編集者の協力により行われています。2017年度の登録者は音訳者が63人，デイジー編集者が13人です。音訳者は高齢化が進み減少傾向でしたが，2015年度から2年計画で新規音訳者を養成し，人材の確保と若返りを図ることができました。今後は，専門技術である音訳をどのように新人に引き継いでいくかが課題です。

　また音訳者・デイジー編集者・点訳者にはボランティアではなく図書館協力者として，出来高払いの謝金を支払っています。10時間の録音図書を製作し，音訳者・音訳校正者・デイジー編集者・デイジー校正者にそれぞれ謝金を支払うと，合計で7万2千円かかります。報償費は，資料製作や対面朗読を行うためのいわば基本的な経費ですので，何とか減少させることなくサービスを維持しています。

　資料製作では，音声デイジーを図書と雑誌をあわせて年間40タイトル，点字を年間8タイトル程度を製作しています。音声デイジーの月刊誌・季刊誌をいくつか製作しているため，製作にも追われています。

(3)　特徴のある障害者サービス

　県立久喜図書館には健康医療情報コーナーがあり，資料展示だけではなくさまざまなテーマのセミナーを行っています。一般閲覧室に発達障害者のための常設展示「見て聴いて感じる読書コーナー」があり，そこでマルチメディアデイジーも紹介されています。これらのサービスと障害者サービスが連携していることも特徴となっています。

　このほか，県立図書館の障害者サービスとして，以下の点に重点を置いています。

　利用者へのサービスでは，前述のように専門書などの難しい内容の資料の対面朗読ができること，資料製作では，読み物や一般書の製作はせずに，全国どこも製作していないもので比較的難しいものや，専門的な内容のものを作るようにしています。市町村立図書館からの依頼による製作も行っています。逆に簡単なものの製作を市立図書館にお願いすることもあります。このように，資料の難易度による製作分担を行っています。

　次に，市町村立図書館の障害者サービス支援が上げられます。県内図書館の障害者サービスを充実させ，障害者等が地元の図書館から満足のいくサービスが受けられるようにするのが目標です。郵送貸出は市町村立図書館でも十分に行えるサービスです。県立図書館の貸出数が落ちても，県全体としてサービスの総量が増加していくことを目指しています。

　具体的には，障害者サービス担当本来の取り組みと，埼玉県図書館協会障害者サービス専門委員会事務局としての取り組みの2つがあります。

　担当の取り組みとしては，市町村立図書館からのさまざ

な質問への対応と，職員や音訳者等の研修会への助言・講師の紹介・派遣，運営相談や視察等への対応があります。県内の市町村立図書館には，障害者サービスを開始したり進展させるために，わからないことがあれば県立図書館に相談してみようという意識があります。

　埼玉県図書館協会にいくつかの専門委員会があり，市町村立図書館の職員が委員となり，県立図書館が事務局を担当してさまざまな活動を行っています。障害者サービス専門委員会では，職員研修会の企画・運営，障害者サービス実態調査の実施・集計，県内で新たに製作した資料データの収集とそれをまとめた利用者目録の作成，音訳者や職員用マニュアルの作成・配布等を行っています。職員研修会は，初心者用と経験者向けの内容で，毎年2回実施しています。

(4) 課題，今後の展望

　現在マルチメディアデイジーの製作と，特別支援学校・学級への普及活動を行っています。

　マルチメディアデイジーは，試行製作をしながら製作マニュアルを整備している段階です。日本にはマルチメディアデイジーのスタンダードな製作基準がないことがわかっています。また，音声デイジーのような全国的な製作体制も存在しません。マルチメディアデイジーが発達障害者等にとって大変有効な資料であることは理解されつつありますが，その製作体制はいまだありません。そのような状況で，資料を提供するという図書館の役割はわかるものの，資料そのものの製作・販売体制がないことが大きな課題です。

　また，ほとんどの教職員や障害当事者は，マルチメディア

デイジーやアクセスリーディングを知りません。そのため，特別支援学校等の職員研修会に出かけて行って，マルチメディアデイジーを含む障害者サービス用資料の展示・体験会を開催してPRに努めています。校長会等でもチラシを配布したり，説明などをさせていただいています。

2009年の著作権法改正を受けて，利用対象者を発達障害者等活字による読書が困難な人に拡大しています。しかし，これによりいくつかの課題も見えてきました。

まず郵送料金の問題です。視覚障害者には録音資料を無料で郵送することができますが，寝たきりの人やその他の障害者には無料で送ることはできません。発達障害で歩くことに問題ない利用者には来館してもらいますが，入院患者等に提供することができません。

次に，デイジー再生機の問題です。音声デイジーもさまざまな障害者に有効ですが，デイジー再生機を福祉の日常生活用具で安価に購入できるのは，重度の視覚障害者のみです。その他の方には，いきなり4万円以上する再生機を買ってもらうことになります。この再生機の価格の問題も大きなネックになっています。スマートフォンやタブレットのデイジー再生アプリは安価ですが，今度は障害者がうまく使えないという問題と，インターネットからのデータの転送が必要で，図書館のCDを直接読むことができないという課題があります。

なお，それらのサービスを考えると同時に，発達障害者等の活字による読書の困難な人たちにサービスをPRするという課題もあります。障害者サービスというと自分とは関係のないものと考えてしまいがちですが，まずは広く一般に，こ

のようなサービスや資料があることを周知する必要を感じます。

　中期的には音訳者の確保の問題があります。2015 年からの新規音訳者養成講座では，若くて時間に余裕のある方を集めることができましたが，今後はそういう人材を集めるのもますます困難になるのではないかと思います。音声デイジーに代わるものとして，アクセシブルな電子書籍がどのくらい有効なのか。合成音声による録音図書の質はどこまで向上するのか。これらとの兼ね合いで肉声による録音図書の将来も変わってきます。それら IT 技術の向上も見据えながら，音訳者の将来を考えていく必要があります。

　最後に，埼玉県立図書館は中央図書館一館体制を目指していますが，新中央図書館のすべてのサービスや機能を本当に誰でも使えるようにできるかが，これからの最も大きな課題ではないかと考えています。

8.4 枚方市立中央図書館

(1) 図書館の概要
　枚方市は大阪府の東北部，大阪市と京都市のほぼ中間に位置しています。もとは淀川左岸の宿場町として栄え，以後，昭和 40 年代を中心に大阪のベッドタウンとして人口が急増し，2018 年 1 月末現在の人口は 40 万 3950 人で，大阪府下で 4 番目に人口の多い市です。市の面積は 65.12㎢で，大阪の住宅都市です。

　1970 年代の全国的な図書館設置運動の中で，1973 年 4 月に図書館が開館しました。活動の特徴としては，当初から分

写真　中央図書館

館・分室・自動車文庫による多くのサービスポイントを有する図書館サービス網を計画的に目指したことや，障害者サービスや病院サービスといった「図書館利用に障害のある人々へのサービス」を重視したことが挙げられます。

　現在は2005年4月に開館した中央図書館（写真）のほか，7分館，11分室と自動車文庫および巡回車（病院や高齢者施設，分室等に巡回するための車両）等の構成でサービスを実施しています。

(2)　実施している障害者サービス

　全館の障害者サービスの取りまとめは，中央図書館開館時に設置した「障害者・高齢者サービスフロア」の担当職員（視覚や聴覚に障害のある職員を含めた体制）が行っています。実施しているサービスは次のとおりです。

① 見えない・見えにくい人へのサービス

ア　資料

点字図書・雑誌，録音図書・雑誌：カセットテープやCD（音声デイジー・マルチメディアデイジー），大活字本，点訳絵本などを貸出しています。

イ　利用者への郵送貸出

視覚障害の人には点字図書，録音図書を自宅へ郵送しています。

ウ　リクエストサービス

希望する点字図書や録音図書が図書館にない場合は，全国の図書館から借りるか新しく製作しています。

エ　対面読書サービス

希望の本や雑誌，新聞などを，最寄りの図書館で音訳者が読みます（事前申込が必要です）。

オ　拡大読書器

各図書館に設置しています。

カ　本の紹介

次のような案内を，利用者が希望する種類（テープ版・デイジー版・点字版・拡大文字版・電子メール版など）で送ります。

・「枚方市立中央図書館　録音図書増加目録」（年1回発行）

中央図書館が製作・購入した録音図書を1年ごとにまとめて紹介する目録です。簡単に本の内容も紹介しています。

・「図書館ニュース『ほんわか』」（年4回発行）

中央図書館からのいろいろなお知らせや障害者・高齢者サービス担当が行っているサービスを紹介したり，本の特集など読書に役立つ情報などを集めたニュースです。

・「近畿視情協　点字・録音図書新刊案内」（月1回発行）

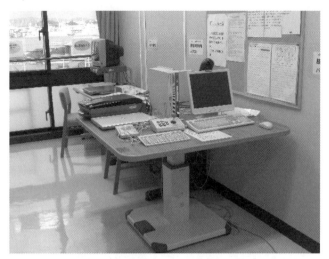

写真 ITルーム

　近畿地区の点字図書館や公共図書館などで新しくつくられた点字図書・録音図書を紹介しています。

　キ　ITルームの利用（写真）

　視覚障害の人が利用しやすいパソコンを設置し，インターネット検索や文書作成等が体験できます。必要な人には，各種ソフトウェアと周辺機器の基本操作についてのサポートも行っています（事前予約が必要です）。

　② **聞こえない・聞こえにくい人へのサービス**

　ア　「耳マークシール」の貸出カードへの貼り付け

　希望があれば，聴覚障害の人の貸出カードに「耳マークシール」を貼ります。窓口でこのシールを見せると，職員が手話や筆談などで対応します。

イ　資料

漫画や手話・字幕付き映像資料，LL ブック，マルチメディ
アデイジー図書などを貸出しています。

ウ　「手話でたのしむおはなし会」（月 1 回）および「手話
ブックトーク」（年 3 回）の開催

エ　「聴覚障害者のための利用案内（中央図書館利用案内の
手話・字幕付映像版）」の制作・貸出

オ　補聴器サポートシステム，磁気誘導ループの設置

補聴器利用者のために，中央図書館のカウンターに補聴器
サポートシステム，行事を行うときは会場に磁気誘導ループ
を設置します。

※詳細は，次ページ「(3)　特徴のある障害者サービス」をお読みく
ださい。

③　その他の理由で本が読めない・読みにくい人へのサービス

ア　図書宅配サービス

身体障害や知的障害，または重度の要介護状態により来館
が困難な人に，図書宅配サービス（ゆうパックまたはゆうメー
ル）を行っています。

イ　対面読書サービス

ウ　資料

録音図書（カセットテープや音声デイジー・マルチメディアデイ
ジー），LL ブックの貸出を行っています。

エ　病院・高齢者施設へのサービス（写真）

市内の病院や高齢者施設に自動車文庫が 2 週間に 1 回，本
などの貸出をしています。

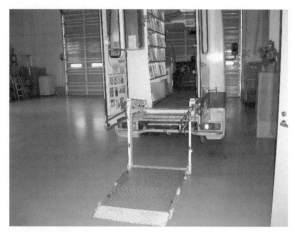

写真　自動車文庫「ひなぎく号」（ブックトラック用リフト付き）

（3）　特徴のある障害者サービス（聴覚障害者サービス）

　図書館の障害者サービスは，障害を持つ職員が図書館に配属されることによって発展します。枚方市立図書館の場合は2001年，聴覚障害を持つ職員が当時の本館である枚方図書館に配属され（手話通訳ができる図書館職員も配属），聴覚障害者へのサービスが始まりました。

　聴覚障害者サービスとして，聴覚障害者や手話通訳者を対象とした新聞の購入や雑誌の貸出，手話・字幕付き映像資料の貸出を始めました。2005年に開館した中央図書館には映像スタジオが設置され，手話・字幕付き映像資料の制作も行っています。

　また，手話を含む行事として，中央図書館において「手話でたのしむおはなし会」（月1回），「手話ブックトーク」（年3回）を開催しています。2017年2月現在，聴覚障害を持つ職

員が 3 人図書館に配属され，2 人は中央図書館，1 人は津田図書館（分館）に勤務しています。

①　手話でたのしむおはなし会（写真）

　中央図書館では毎月第 4 土曜日，こどものフロアで「手話でたのしむおはなし会」を開催しています。「手話でたのしむおはなし会」は聞こえる子どもも聞こえない子どもも一緒に楽しめるおはなし会なので，音声と手話が必要です。

　聴覚障害の職員が語る（手話で表現する）絵本は手話だけで読み進められるため，絵本の内容を伝える音声が必要になります。聴覚障害の職員は絵本の内容を覚え，それを頭の中で映像化して手話で表現します。通訳の職員は絵本の文章をそのまま声に出します。通訳者は手話を見ながら，聴覚障害の職員は通訳者の口形を見ながら，お互いにタイミングをはか

写真　手話でたのしむおはなし会の様子

り，絵本を読み進めます。

　また，健聴者の職員は声を出しながら手話も行うので，声（絵本の言葉）に合わせた手話表現になります。あまりストーリーのない絵本，たとえば，色，野菜，動物などが登場するクイズ形式の絵本を使って，子どもと一緒に登場する動物などの手話を表現しながら，読み進めます。

　2015年4月，津田図書館（分館）に聴覚障害の職員が配属され，手話学習中の職員と「おはなし会〜手話であそぼう〜」を開始しました（2015年度は7回実施）。2016年4月には手話通訳ができる職員が津田図書館に配属され，「おはなし会〜手話であそぼう〜」（年9回予定）を実施しています。

　②　手話ブックトーク

写真　手話ブックトーク

中央図書館では年3回「手話ブックトーク」を開催しています。聴覚障害の職員2人と手話通訳の職員2人，あわせて4人がそれぞれ約15分ずつ手話でブックトークを行います。

　テーマを設定して，そのテーマに関連する本の紹介，手話による昔話の様子，新しく購入・制作した映像資料の紹介などを手話だけで進行します。手話を読み取る，読み取り通訳はありません。対象は聴覚障害者ですが，手話サークルや手話学習中の聴者（聞こえる人）の参加もあります。「手話ブックトーク」は毎回収録し，収録した映像は編集をして映像資料として貸出します。

　2016年8月には，津田図書館でも聴覚障害の職員1人と通訳の職員1人で「ミニ手話ブックトーク」（30分）を開催しました。

③　聴覚障害者のための利用案内

　印刷された図書館の利用案内は，聴覚障害者にとってわかりやすいものではありません。そこで，聴覚障害の職員が中心となって手話による映像版（字幕付き）の利用案内を制作しました。

　ア　『聴覚障害者のための利用案内　2005年版』

　利用案内は館長の手話の挨拶で始まり，各フロアの紹介（中央図書館は自動車文庫，軽読書コーナー，こどものフロア，新聞・雑誌・マンガのコーナー，一般書フロア，参考資料室，障害者・高齢者サービス資料室，会議室等が1階から6階までの各フロアに分かれている），図書館の利用方法（貸出カードの作り方，貸出・返却，予約・リクエスト等）を手話で解説しています。各フロアの職員が手話を覚え，担当フロアを紹介しました。図書館の利用

方法は，聴覚障害の職員と手話通訳ができる職員が担当しました。聴覚障害者の図書館利用の促進を願って制作した利用案内ですが，これを見た聴覚障害者からは「表情がなく，手話がわかりにくい」などの意見もありました。

　イ　『聴覚障害者のための利用案内　2009 年版』

　中央図書館の開館から 3 年後，新たに始めたサービスの紹介も含め，手話の利用案内の改訂版を作ることになりました。今回は，出演者を聴覚障害の職員と手話通訳ができる職員に限定し，聴覚障害の職員が日常的に使っている手話で制作しました。収録や編集は比較的短い時間で終了しましたが，苦労したのは手話の翻訳作業です。収録に使用した台本はありますが，台本どおりに手話表現をしていません。聴覚障害の職員は台本の内容を頭の中で映像に変換して手話で表現しますので，手話と台本の言葉は同じではありません。手話を翻訳した字幕は聴覚障害の職員が確認して，聴覚障害者が理解しやすい文章に訂正します。表現されている手話に対応する日本語はたくさんあります。また，さまざまな日本語の意味を持つ手話もあり，字幕作業はなかなか進みません。

　その上，挿入できる字幕の文字数には制限があります。聴覚障害の職員と映像を見ながら，「この手話の意味はこの日本語ではない」「この日本語にはこういう意味が含まれている」など意見交換をしながら翻訳作業をすることは，手話と日本語のよい勉強になりました。

　手話の利用案内の制作には，図書館業務を理解している聴覚障害の職員の協力が必要です。

78

④　その他のサービス

　日本語字幕や音声解説のついた映像資料を利用したバリアフリー映画上映会は，会場さえ確保できれば実施しやすいサービスです。図書館での上映権付きのバリアフリー仕様の映像作品も増えています。

　また，聴覚障害者関係，手話通訳者関係の新聞や雑誌の購入も比較的取り組みやすいサービスです。

(4)　課題，今後の展望

①　利用促進のためのPRの強化

　2016年度には，わかりやすい利用案内を作成して地域の小学校の特別支援学級に配布したり，市民向けに五感を使ったゲーム形式によるバリアフリー体験会（写真）や，発達障害のある子どもたちの読み書きに関するパネルディスカッションなどのイベントを開催してPRに努めました。今後も継続して取り組みます。

②　図書館協力者のケアおよび養成の充実

　個人登録している点訳・音訳・字幕挿入等，編集にかかわる協力者との絆を強め維持していく必要があります。現在，定期的に実施している音訳協力者連絡会や学習会などの研修内容を充実させることにより，提供するサービスの向上に努めています。

③　現在実施しているサービスの改善

　利用者目線で改善を重ね，利便性の向上に努めます。

写真　バリアフリー体験会の様子
（写真上「においてあててみよう！」嗅覚体験
写真下「メガネでパズル！」視野狭窄体験）

④　視覚・聴覚障害以外の障害者へのサービスの検討

　学習障害などの発達障害や知的障害のある人へのサービス，さらには高齢者へのサービスの具体化について，市内外の関係機関や施設などと連携しながら検討するとともに，マルチメディアデイジーやテキストデータ，電子書籍など新しい資料形態への取り組みを検討します。

⑤　全館体制で障害者サービスをすすめるための研修の充実

　障害者サービスにかかわる知識やノウハウ，さらには今後に向けての課題などを全職員で共有できるよう研修を充実させるとともに，それらを次世代の職員に引き継いでいくための態勢づくりに努めます。

コ　ラ　ム

手話による動画で聴覚障害のある方も利用しやすく－八王子市中央図書館の実践から

　筆者は聴覚障害のある図書館職員です。その当事者の立場から感じるのは，聴覚障害があると，初めての場所の利用方法を聞いても口頭での回答を完璧に理解することが困難で，不安を感じる傾向があるということです。筆談をお願いするにしても，細かいニュアンスが伝わりづらい場合もありますし，担当者が忙しそうで頼むのを遠慮することもあります。筆者の経験では，たとえば，初めて入る飲食店で，飲み物のサイズ名（Sサイズ，ショートなど異なる）やトッピングの注文方法などに戸惑いますし，初めて乗るバス路線では，文字表示がないと路線が合っているか，降りる停留所はどこか不安になります。

　つまり，初めて訪問する図書館でもそうなる可能性は高いのです。図書館カードの作成に必要な条件は何か，返却にカードは必要か，インターネットでも予約は可能かなど，細かいことはたくさんあります。特定の本を探すときも探し方を聞かずに独力で探し，結果的に諦める利用者も多いと思います。聴覚に障害があることは見た目ではわかりづらいので，そのような利用者がいることに図書館側も気がつきにくいと思われます。

　そこで，聴覚障害のある利用者の方の助けになればと，八

王子市中央図書館では 2013 年に DVD『八王子市図書館　手話による図書館利用案内』を作成しました（ホームページでも映像を見ることができます）。聴覚障害のある職員（筆者）や手話を勉強した健聴者の図書館職員と，聴覚障害のある市民の方による対話方式で，市内各館の案内や，カードの作り方，貸出，返却方法，予約の案内，本の探し方を含めた利用方法，手話のおはなし会など，図書館の各事業などを手話でご案内しています。なお，聴覚に障害があっても手話を知らない方もいるので，日本語字幕と音声もつけています。

　また，手話を母語とし，主なコミュニケーション方法が手話の方は，日本語の文章よりも手話による語りの方が内容を理解しやすい場合があるので，『手話による八王子のむかしばなし』（音声・日本語字幕あり），『市民が語る八王子空襲の体験と織物工場での仕事－手話による八王子語り』（日本語字幕あり）といった DVD も作成し，貸出しています。

本は左から
請求番号順に並んでいます

　　写真　DVD『手話による図書館利用案内』の一場面

　図書館がこういった映像を用意したり，図書館員が少しでも手話を覚えたり，筆談に応じることを窓口に表示したり，手話によるおはなし会を実施することにより，聴覚障害のある方が気軽に図書館を利用できるようになればと思っています。

8.5 調布市立中央図書館

(1) はじめに

調布市立図書館では、いわゆる「障害者サービス」のこと
を「ハンディキャップサービス」と言い表しています。これ
は「障害者へのサービス」ではなく、「図書館利用に障害のあ
る人へのサービス」のことを指しているためです。「図書館
を利用する権利」を持つ利用者に対し、「図書館側の障害」を
取り除いていくことが、サービスの目的です。「すべての人
にすべての本を」提供するのが公共図書館の使命と考えてサ
ービスを行っています。

(2) 調布市の概要

調布市は、東京都のほぼ中央、多摩地区の東端に位置し、
都心部へ約 20km の距離にある、面積 21.58㎢の市です。市
の中央部には、国道 20 号線（甲州街道）や中央自動車道が通
り、味の素スタジアム（東京スタジアム）や深大寺、多摩川、
日活調布撮影所、角川大映スタジオといった名所も多く存在
し、緑豊かな文化発信の街でもあります。

(3) 調布市立図書館の沿革

1966 年　（旧）中央館開館

1982 年　分館網完成（人口 2 万人に 1 館、半径 800m に 1 館、
　　　　　2 つの小学校区に 1 館の 3 原則。中央館を中心に 10 分
　　　　　館を配置）

1991 年　電算システムの導入

1996 年　「文化会館たづくり」開館
　　　　　ここに中央図書館として移転し，規模の拡大と通
　　　　　年午後 8 時 30 分までの開館を実施。映画資料室，
　　　　　ハンディキャップサービスコーナーの設置。
2016 年　開館 50 周年

(4)　調布市立図書館の基本方針および運営方針

①　基本方針

　調布市立図書館は，分館網の整備・充実をすすめることに
より，いつでも，どこでも，誰でも気軽に利用できる市民の
書斎であり続けるとともに，地域に根ざした市民文化の創造
に寄与するため，市民の参加と協働を得て，積極的な図書館
活動を展開する。

②　運営方針

ア　市民の豊かな読書生活を保障し，調査・研究を支援す
　　る機能をさらに発展させるとともに，新しい情報通信技
　　術の活用により，市民のための「地域の情報拠点」とし
　　て，市民生活に役立つ図書館を目指す。
イ　子どもによい読書環境を提供するために，全館に質の
　　高い図書を揃え，図書館内外のあらゆる機会をとらえて，
　　積極的な児童サービスを展開する。
ウ　図書館を利用する上で，困難な条件にある高齢者や障
　　がい者などを支援するとともに，いっそうの情報バリア
　　フリー化をすすめる。
エ　文化創造の拠点として積極的に図書館活動を展開し，
　　市民の身近なところで文化事業を実施する。また，読書

団体との連携により，読書推進事業に取り組む。

オ　図書館活動に市民の意向を反映するために，図書館協議会や利用者の懇談会などでの意見を尊重するとともに，図書館ボランティアの充実を図るなど，市民との協働による図書館運営を推進する。

カ　図書館サービスの発展を保障するために，職員に対する継続的研修を行い，司書業務に係る専門的資質の向上に努める。

(5)　調布市立図書館におけるハンディキャップサービスの歴史

①　見えない人・見えにくい人，通常の印刷文字による読書が困難な人へのサービス

1975 年 4 月　「朗読奉仕の会」発足（調布ブッククラブ）

1976 年 4 月　録音テープ貸出開始

1978 年 1 月　対面朗読開始

1979 年 4 月　「ハンディキャップサービス研究会」発足
　　　　　　　（検討のための職員グループ 5 人）

1979 年 8 月　「声のお知らせ」始める
　　　　　　　（盲人協会ニュースへ掲載）

1979 年 9 月　市内の障害者の調査
　　　　　　　（福祉事務所と協力してアンケート実施）

1980 年 4 月　利用者懇談会（1 回目）

1981 年 9 月　「盲人用録音物等発受施設」の認定を受ける

1982 年 11 月　郵送貸出の開始

1986 年 4 月　点訳サービス制度化

1989 年　　　　大活字本の収集開始

1993 年 5 月　　初級朗読者養成講座（1 回目）

2003 年 4 月　　ハンディキャップサービス係設置

2004 年　　　　デイジー編集開始

2006 年　　　　デイジー録音開始

2009 年　　　　マルチメディアデイジー収集開始

2010 年 1 月　　改正著作権法施行

2016 年 4 月　　障害者差別解消法施行

② 子どもへのサービス

1986 年　　　　触る絵本，布の絵本・布の遊具によるサービスの開始（借用による）

1990 年　　　　布の絵本の収集開始

2006 年 10 月　布の絵本作成ボランティア養成講座開催

2006 年 11 月　布の絵本製作開始

③ 来館が困難な人へのサービス

2001 年 4 月　宅配サービス開始

2002 年 9 月　郵送（宅配）サービス開始

(6) 現在の主な図書館利用に障害のある人々へのサービス

① 見えない人・見えにくい人，通常の印刷文字による読書が困難な人へのサービス

ア 利用対象者

市内に在住・在勤・在学の視覚障害者（手帳を持っている人，またはそれに準ずる人）など。登録は代理や電話も可。

イ サービスの内容

A 資料の貸出（録音資料・点訳資料）

20 タイトルを 2 週間まで。来館／郵送／宅配により貸
出を行う。蔵書のほか，サピエ図書館を活用した資料の
借用やダウンロードしたもの。

B　対面朗読

9 時から 17 時の間で，1 時間を単位として実施。対面朗
読室／分館／（自宅）にて，登録音訳者または職員が行
う。原則として前日までに予約。

C　資料製作

他の図書館に所蔵がないもの，借用の困難なものは自館
で音訳・点訳する。作成は登録音訳者・点訳者による。

a　音訳資料（デイジー・テープ）

リクエストがあったものを中心に作成し，蔵書とする。
調布に関連する資料等。

b　点訳図書

調布独自の資料のみ点訳。プライベートサービスの中
から今後の利用が見込まれるものを蔵書とする。
定期刊行物・行政資料の点訳。
市報や市議会だより，『ふくしの窓』等，定期的に作成
し，利用者へ郵送。

c　プライベートサービス

利用者が希望する資料（取扱説明書，会議資料など）を音
訳・点訳する。作成後，利用者へ渡す。

D　機器の貸出

録音図書の再生機器（プレクストーク）等を所蔵し，希望
する利用者へ貸し出す。
利用者が使用できる機器類
拡大読書器

音声読み上げパソコン

マルチメディアデイジー再生パソコン，タブレット

E　PR／読書案内（テープ版，デイジー版，テキスト版）

  a　「オカリナ通信」（月1回発行）　48人，1施設へ送付

    図書館からのお知らせ，新しい録音図書の紹介，新聞

    書評などを掲載（図書館ホームページからの閲覧も可）

  b　調布市立図書館の新着図書案内

    （月1回発行　「オカリナ通信」に同封）

  c　東京都公立図書館新作情報（隔月発行）

  d　図書館だより（年4回発行）

  e　録音図書目録（年1回発行）

    目録の音声版を作成し，ハンディキャップサービス登

    録者に送付

  f　障害福祉課との連携事業として，市内在住の視覚障

    害1〜3級の図書館未利用者には，CD版『図書館のご

    案内』を送付。

② 子どもへのサービス

ア　利用対象者

市内に在住・在学の障がいのある子どもや，障がいのある
子どもたちのいる市内の団体，関連機関から紹介のある子ど
も。

イ　サービスの内容

A　布の絵本，遊具の収集／貸出

  特別支援学級・各施設へのはたらきかけ

  子ども発達センターへのおはなし会など，各担当と協力

  して実施（※子ども発達センターとは発達に遅れやかたより

の心配がある子どもやその家族からの相談に応じ，専門的支援
を必要とする子の療育や発達支援事業を実施している施設）

B　2011年度から「布の絵本展示会」を実施（中央図書館，
分館，調布市子ども家庭支援センターすこやか（子育てを支援
する総合的拠点施設）など）

C　布の絵本目録の発行（隔年発行）

③　マルチメディアデイジーの収集／貸出

ア　ディスレクシアなどの文字が苦手な子どもの読みをサ
ポートするために収集・貸出。

イ　2016年度末　蔵書数　213タイトル

④　宅配サービス

ア　市内に在住（または市内の病院に入院）している方で，障
害，病気や怪我，高齢，出産前後等により来館が困難な
人へ，宅配協力員（登録ボランティア）が図書館の資料を
届ける。返却のみも可。

イ　事前に登録・認定が必要。中央図書館・分館で実施。

ウ　重度の障害がある場合には，郵送宅配（利用者負担なし）
の利用も可能。

エ　2016年度末現在　利用者202人，1団体，宅配回数
1,584回，貸出9,513冊

⑤　聴覚障がい者へのサービス

ア　FAXによる予約の本の連絡

イ　「耳マーク」の掲示

ウ　簡易筆談器（「かきポンくん」など）を各カウンターへ設

置

⑥ 車椅子の方へのサービス
ア　全国の福祉マップの展示，貸出
イ　車椅子対応蔵書検索用パソコン，車椅子優先席
ウ　利用者用車椅子の貸出，入り口脇に配置

⑦ 大活字本の収集
ア　4階および各分館に排架
イ　分館に置いてある大活字本の入れ替え（半年ごと）
ウ　大活字本目録（年1回発行）

⑧ 音訳者／点訳者／布の絵本製作者の養成（2016年度講座）
ア　音訳者養成講座（初級）（13回）
イ　点訳者養成講座（中級）（2回）
ウ　布の絵本製作者養成講座（中級）（2回）

(7) 統計（2016年度末現在）
ア　所蔵資料
　　テープ図書　　　2,421タイトル
　　デイジー図書　　2,246タイトル
　　布の絵本　　　　　352点
　　大活字本　　　　5,349冊
　　（調布市立図書館全体の蔵書冊数　1,355,620点）
イ　利用登録者数
　　ハンディキャップサービス　　　　97人
　　ハンディキャップサービス宅配　23人

90

一般宅配　　　　　　　　　　　179 人

　　　（調布市立図書館全体の有効登録者数　91,295 人）

　ウ　ハンディキャップサービス協力者数

　　　音訳者数　　　　　　　　　　　38 人

　　　点訳者数　　　　　　　　　　　25 人

　　　布の絵本製作者　　　　　　　　19 人

　　　宅配協力員　　　　　　　　　　57 人

　エ　対面朗読　129 回 = 239 時間

　オ　貸出数（雑誌は含まない）

　　　テープ図書　　　　　　　　　　44 タイトル

　　　デイジー図書　　　　　　　 4,390 タイトル

　　　布の絵本　　　　　　　　　　 305 タイトル

　　　（調布市立図書館全体の貸出数　2,640,637 点）

　カ　点訳枚数

　　　作成　3,096 枚

　　　校正　3,153 枚

　キ　相互貸借

　　　貸出　1,138 タイトル

　　　借受　2,104 タイトル

　ク　国立国会図書館視覚障害者等用データ送信サービスか
　　　ら調布市立図書館作成デイジー図書が利用された回数
　　　2016 年度　61,265 回

(8)　主な使用機器

　ア　利用者用

　プレクストーク（音声デイジー再生機），CD プレイヤー，半
減速カセットプレーヤー，iPad

イ　資料コーナー

利用者用インターネット，Net Reader，PC-Talker，よみとも，点字編集システム，ブレイルスキャン，AMIS，My Dic，My News，My Doctor，My Book，ネットプレクストーク，ブレイルメモ

ウ　音訳用

デッキ，ダブルデッキ，高速ダビングマシン，ミキサー，消磁器，パソコン（デイジー編集用。ソフト・PRS-PRO，Dolphin Publisher，PLEXTALK Producer），オーディオインターフェース，デジタル録音機，プレクストーク，デュプリケーター

エ　点訳用

立体コピー機（触地図用），点字タイプライター，パソコン（点訳ソフト BES・点字編集システム内蔵），点字プリンター，カップリングカッター

オ　その他

点字テプラ，活字文書読み上げ装置（テルミー，スピーチオ），ブックシャワー

(9)　職員体制

2003 年度に係制となる。2016 年度のハンディキャップサービス係職員体制は，職員 5 人（再任用 1 人含む），嘱託職員 5 人（2 人／1 日。ハンディキャップサービス業務以外のカウンターローテーションは他係と共通。嘱託職員 1 人のみデイジー作業専任），社会教育指導員 1 人

(10)　今後の課題

新しいサービスであるマルチメディアデイジーは，まだ一

92

般に広く知られていません。調布市立図書館では市販されているものを収集し，マルチメディアデイジー化されていないものについてのリクエストにも応えられるよう少しずつ製作を行っています。しかし，音訳や点訳のようにきちんとした体制はまだ整っていません。

　また，視覚障害以外の多様な障害へのサービスは，まだまだ不十分で，これから検討し導入していく必要があります。

　そして，「ハンディキャップサービス」という言葉は，現在のアメリカでは差別的な言葉であるともいわれています。しかし，長年使用してきた経緯に加えて，調布市立図書館として市の組織の正式な名称になっているため，すぐに変更するわけにはいきません。本来の意味での障害者サービスにふさわしい言葉を熟考し，組織名称の改正を行う必要があります。

　さらに，このサービスについて，担当者だけでなく全職員共通の認識を持ち，共有できる体制にしていかなくてはいけないと考えています。

8.6 浦安市立図書館

(1) 誰でも利用できる図書館

① 建物よりもサービスを先行

　千葉県浦安市立中央図書館の開館は，1983 年 3 月 1 日です。にもかかわらず，「浦安市立図書館心身障害者等に関する貸出要項」を施行し，宅配サービスを開始したのは，1982 年 10 月 1 日でした。「だれにでも」利用できる図書館を目指すというのが，当初からの目標だったからです。完成した中央図書館には対面朗読室を設置し，利用案内にも「障害者サービ

ス」として，宅配サービスや対面朗読を記載しました。ここで記載した「障害」とは，利用を妨げている図書館側の壁である，というのが図書館としての考え方でした。そして，これは今も変わっていません。

利用を妨げる要因は，大きく分けると次の2点が考えられます。

　ア　図書館に来館できないこと

　イ　活字の資料をそのままでは読めないこと

もちろん，両方が当てはまる人もいます。来館できない人には，体が不自由で外出が難しい方，病院に入院中や施設に入所していて外出ができない方などがいるものと思います。

中央館も分館も，車椅子が通れる書架間隔を確保しているため，体が不自由でも，ごく普通に車椅子で来館して利用している人が複数います。最近は社会全体のバリアフリー化が進み，特に浦安市は埋め立て地で高低差が少なく市域も狭い（市内のほとんどの地域で半径1km以内に図書館がある）ので，他市よりも車椅子の人の来館が容易なようです。当然ながら，こうした方々は，一般利用者として登録して利用しています。もちろん，館内で書架の高い位置の本が取りにくい等補助が必要な場合は，お手伝いするように配慮しています。

②　図書館に来館できない方へ

来館できない人に本などを届ける宅配サービスは，当初より「職員全員」の業務として位置づけてきました。特定の担当や係で行うのではなく，カウンター業務の1つと考えています。利用希望者の近くの館の職員を担当にし，担当から連絡をとります。「時代小説でおすすめはないか？」「歌舞伎の

94

写真　録音図書製作協力者養成講習会の様子

入門の本は？」など，読書案内の相談を受けることが多く，
そこに職員が対応する必要を強く感じています。

③　活字の資料がそのままでは利用できない方へ

　目が不自由な人などは，活字の本や雑誌をそのままでは読
むことができません。希望が多いのは，やはり音訳された録
音図書です。

　まず1983年8月に録音図書の相互貸借を開始し，同年9
月8日に「浦安市立図書館対面朗読に関する要綱」を施行し
て，対面朗読の体制を作りました。ここでも，読書相談の必
要を踏まえて図書館職員が対応することにしました。同年
10月には，対面朗読も含めた内容で，初の朗読講習会を行い
ました。

相互貸借で入手できない録音図書や点字図書は，自館で製作しなければなりません。1984年度に点訳講習会と朗読講習会（録音図書製作）を実施し，以降この2つの講習会は継続的に開催しています。そこで技術を習得した方を協力者として登録するために，1985年3月12日「浦安市立図書館障害者サービス協力者設置要綱」を施行，同10月から録音図書の製作を開始し，録音・点字図書の製作がスタートしました。製作にあたっては，責任を持って製作していただくために謝礼をお支払いしています。

　1986年11月には，障害児のための布の絵本展示会を実施し，布の絵本講習会も開催して，布の絵本製作もスタートしました。できあがった布の絵本については，1987年2月より市内の特別支援学級や福祉施設に，団体貸出で利用していただいています。

　さらに1987年3月，拡大写本製作講習会を実施しました。これで，録音・点字・布の絵本・拡大写本の製作体制が整いました。資料の製作は，原則として利用者のリクエストに応じて行っています。点訳や音訳には時間がかかるので，まず全国の点字図書館などで所蔵がないかを調べます。あれば相互貸借で借り受け，なければ協力者に製作を依頼するという方法で，現在に至っています。

(2)　その後のサービスの展開

①　要望は1人1人違う

　基本的な体制ができて広報を行うと，さまざまなケースが出てきました。たとえば，目は不自由なので録音資料は利用したいが，外出に支障がないので宅配は不要という方には，

96

「視覚障がい者用等資料の貸出マニュアル」を定めて各館で貸出に対応，また自宅のポストに入れてもらえばよいという方には，「郵送サービスマニュアル」を定めて郵送対応にしました。

　介助者がいれば図書館に行けるが，独力で行動できないのでいつ返却できるかわからず不安で借りられない，返却だけでも「宅配サービス」で対応してもらえるなら安心して借りられる，という申し込みもありました。このように職員が届ける必要がない場合でも，資料の準備（特に録音図書の手配など）のため担当者を決めて対応をしています。

②　特別支援学級での読み聞かせ

　浦安市立図書館では，当初から児童サービスにも力を入れ，小学校や幼稚園・保育園・子ども園などに職員を派遣しての読み聞かせやブックトークにも積極的に取り組んでいます（2016 年度の実施実績 1,219 回，延べ参加者 27,206 人）。この一環として，特別支援学級への読み聞かせも行っていますが，同じ学校の 1 クラスとしているので，それだけを分けた統計はとっていません。児童サービスでは早くから乳幼児サービスとして，わらべうたを取り入れた読み聞かせを実施してきたため，それを応用したプログラムで対応してきました。ただ，対象は幼児ではないので，赤ちゃん絵本を読めばよいというわけではなく，言葉遣いもきちんとするように注意しています。触られるのを嫌がる自閉的な子どもに配慮したり，逆にすぐ前で見たい子どもによく絵を見せてあげたりなど，個々の子どもの様子を見ながら実施しています。

③ 高齢者へのサービス

1999年8月，市内に浦安市高洲高齢者福祉施設が開設され，そこに特別養護老人ホームが設けられました。この開設に合わせ，同年11月から施設内の図書室に図書の団体貸出を開始しました。2012年8月には市内の民間有料老人ホームからも要望があったため，こちらにも団体貸出を開始しました。団体貸出を行うには，本を置くための一定のスペースが必要なので，そうしたスペースがない小規模施設の入居者には，宅配サービスで対応し，十分に本が置ける大規模施設は，団体貸出で定期的な入れ替えをしています。

2016年度は，生涯学習課を中心として，浦安市回想法ボランティア育成事業「楽しく学ぼう！想い出語りボランティア講座」（全6回）を実施し，5回目を図書館で開催しました。高齢者の認知症予防に役立つ回想法については，図書館資料も活用できるため，これからも連携して取り組みを考えていきたいと思います。

④ 新しいメディアへの対応
ア　デイジーへの取り組み

録音図書については，カセットデッキが製造中止になったこと，および視覚障害のある利用者の多くが利便性の高いデイジーを利用するようになってきたことから，2008年度に録音図書製作協力者養成講習会（デイジー製作）を実施し，デイジー製作を開始しました。とはいえ，高齢でデイジー機器の操作を習得できない利用者や，デイジー機器を所有していない利用者もいるため，相互貸借で取り寄せたデイジーをカセットテープに変換したり，再生操作がやさしいメモリーカー

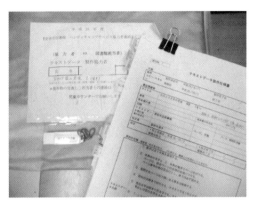

写真　テキストデータ製作を協力者に依頼する準備

ドレコーダーにデータを入れたりして対応しています。

　イ　テキストデータの製作

　2000 年 2 月，パソコンが得意な視覚障害の利用者から，図書データのテキスト化ができないか，という相談が持ち込まれました。図書館の機材やソフトを使って，試行的なものを作って対応しましたが，2010 年施行の改正著作権法により，許可される複製の種類が拡大したことを受け，本格的なテキストデータ資料の提供の検討を開始しました。2011 年に専用のスキャナーを購入し，職員が実際に使用して製作の注意点を検証しました。2013 年 12 月に「視覚障がい者向け情報製作協力者養成講習会」を開催してテキストデータ資料の概要説明を行い，2014 年度のテキストデータ資料製作協力者養成講習会の修了者に協力者として登録していただきました。現在の利用状況としては，文芸作品などは人間の声による録音，短いものや簡単な説明書などは，完成が早いテキストデ

ータでの要望がある，といった状況です。

(3) これからのサービスについて

　「だれにでも」を実現するためにスタートした浦安市立図書館の障害者サービスですが，「浦安市立図書館心身障害者等に関する貸出要綱」は，内容としては宅配サービスに関するものであり，その後サービスを広げながら各要綱やマニュアルを追加してきたため，サービス全体を包括する要綱がない状態でした。そこで，これらをまとめて「浦安市立図書館ハンディキャップサービスに関する要綱」（2015 年 4 月 1 日）を改めて定めました。この中で，協力者について「ハンディキャップサービスを推進するために協力者を置く」とし，旧要綱では「点字図書・録音図書・拡大写本・布の絵本等の製作に協力する」と製作に限っていた協力者の役割を広げることとし，対面朗読の依頼を始めました。

　1983 年の開館時と現在を比べてみると，浦安市の人口は 8 万人から 16 万人へと増加しました。図書館は市内 3 館から 8 館（その他返却・リクエスト資料の受取りに限定したサービスポイント 3 か所）になり，夜間開館・祝日開館・月曜開館の実施で，開館時間・開館日も増加しました。職員の業務は明らかに増加しており，ハンディキャップサービス協力者との協力・連携はますます重要になっています。しかし，司書資格を持った図書館職員の役割に変わりはありません。資料製作や朗読部分は協力者に依頼しても，利用者からの要望を聞いて資料を準備するのは，図書館職員の仕事です。資料と利用者を結びつけるのは，図書館の最も基本的な業務ですから，障害者サービスにも同様に取り組むのは当然のことでしょう。

著作権法改正により，録音図書が利用できる対象が拡大され
たり，テキストデータ資料など，新たなメディアが登場した
りと，さまざまな変化は今後もあると思われます。浦安市立
図書館でも，変化に即日対応できたわけではありません。け
れども，資料と利用者を結びつけるために，これからも障害
者サービスでは何ができるかを考えていきたいと思います。

8.7 大阪市立中央図書館

（1） 図書館の概要

　大阪市には現在 24 の行政区があり，西区に中央図書館，そ
の他の区に 1 館ずつ 23 の地域図書館があります。中央図書
館を中枢に，オンラインによる図書館情報ネットワークの構
築と，相互貸借資料や物品などの運搬を行う逓送業務により，
大阪市立図書館で一体としたサービスを提供しています。ま
た，図書館から離れている地域には自動車文庫 2 台が月 1 回
の巡回を行っています。

　中央図書館は 1996 年 7 月に建て替えを行い，地上 5 階（一
部 6 階）地下 6 階の，自治体では最大級の施設規模となりま
した。地下 1 階から 3 階までの閲覧室に約 50 万冊の資料を
テーマ別に置き，地下 1 階に対面朗読室 3 室と障害者サービ
スコーナーを設けて，点字録音資料・大活字本・LL ブックな
どを利用者が書棚から直接選ぶことができるように配置して
います。点訳絵本や触る絵本，布の絵本は 1 階こどもの本コー
ナーに置いています。

　各階に拡大読書器や車椅子用閲覧席（机の高さが変えられる
席）などを置き，5 階の大会議室には磁気誘導ループを敷設

しています。

中央図書館の地下1階出入り口と地下鉄の駅がつながっていることもあり，視覚障害を持つ利用者や車椅子の利用者など，多くの障害者が来館し利用されています。

(2) 実施している障害者サービス

障害者サービスは中央図書館が中心となって実施しており，直通の電話を設け，専任の担当者3人（本務司書職員2人・嘱託職員1人）で対応しています。

主に下記のサービスを実施しています。いずれも，大阪市か八尾市在住，もしくは大阪市在勤・在学で，障害者サービスの利用登録が必要となります。

① 図書郵送サービス

大阪市立図書館で所蔵する貸出可能な図書・雑誌（大活字本，布の絵本を含む）を郵送により貸出しています。利用できるのは，重度の身体障害により図書館への来館が困難な方で，障害の程度を確認するための申請書を提出していただいています。このサービスは1973年に開始し，1975年に心身障害者用ゆうメールの発受施設の登録申請を行っています。

送料は図書館が負担し，郵送のパッケージの中に返送用の宛名用紙（切手添付，宛先記入済み）を同封しています。最近は，パソコンや携帯端末からの予約が増えているため，予約カードや新着図書リストは希望者のみに送付しています。

多くの利用者が往復とも郵送での利用になりますが，発送または返送のみの希望もあります。郵送の発受は中央図書館で行うため，返送のみの手続きも中央図書館のみで受け付け

ています。

②　点字録音資料の貸出

　視覚障害者で来館が困難な方に対して，点字資料・点訳絵
本・触る絵本・カセットテープ・CD・音声デイジーを郵送で
貸出しています。1978 年に特定録音物等発受施設と国立国
会図書館学術文献録音図書の窓口館となり，1982 年に点字図
書，1983 年からカセットテープの貸出を開始しました。

　新着図書の情報として，近畿視覚障害者情報サービス研究
協議会発行の『点字録音図書新刊案内』のテープ版・デイジ
ー版を毎月，希望者に送付しています。ほとんどの資料が他
館からの借受資料となっていますが，ガイドヘルパーと来館
し，書棚から選んで借りる方も少なくありません。

　音訳カセットや音声デイジー，マルチメディアデイジーな
ど，利用を視覚障害者に限定していた資料について，近年は
学習障害や知的障害などにより活字での読書が困難な利用者
への貸出も行っています。ただし，来館での利用となり，障
害の状況を確認するための申請書の提出が必要となります。

③　対面朗読

　1974 年に職員による朗読を開始し，新中央図書館開館に伴
い対面朗読協力者（音訳者）を導入し，現在は中央図書館（3
室），地域図書館 9 館（旭・阿倍野・城東・住吉・鶴見・西淀川・
東成・東淀川・平野）で行っています。協力者には報償費を支
払っており，協力者の登録や研修，支払い事務は中央図書館
で行い，利用者とのコーディネートは各館で行っています。

　利用対象は視覚障害者で，事前の予約が必要となります。

希望の日時や準備物（資料，録音機，点字板）などをお聞きし，協力者の調整を行います。利用者の希望により，協力者には読むだけでなく，最寄り駅・バス停までの送迎や館内の移動支援，録音機器の操作をお願いすることもあります。また，読む資料は図書館蔵書だけでなく，持ち込み資料も可としています。

④　FAX によるサービス

聴覚言語障害者を対象に，通常電話で行っている各種問い合わせや資料の予約，レファレンスなどを FAX にて受け付けています。回答も FAX で行います。最近は電子メールを活用する人が増え，利用は少なくなっています。

⑤　貸出冊数，貸出期間の緩和

なんらかの障害のある人を対象に，貸出点数 20 点（予約受付 30 点）まで，貸出期間 32 日間で利用できます。一般個人の利用は，貸出 15 点（予約 15 点）まで，貸出期間は 15 日間としています。

(3)　特徴のある障害者サービス
①　資料の製作

触る絵本・点訳絵本・布の絵本・マルチメディアデイジーを製作するボランティアグループがそれぞれあり，図書館資料の製作をしていただいています。活動の長いグループで 40 年ほど続いており，大阪市立図書館の障害者サービスを初期から支えていただいています。それぞれの活動には特徴があり，図書館で講座を受講して発足したグループ，地域の社

会福祉協議会所属で地域図書館に協力しているグループとさ
まざまです。
　製作にかかる費用については，材料の準備のみ図書館で行
い，後はボランティアの皆さんの熱意に支えられています。

②　障害者サービス普及活動
　中央図書館が地下鉄の駅と直結していて利便性の高いこと
もあり，図書館主催行事だけでなく，さまざまな障害者関係
団体と共催・協力事業を行っています。
　LL ブックセミナーは毎年 1 月に開催しており，10 年以上
続いています。このセミナーをきっかけに，閲覧室内に LL
ブックコーナーを設置したり，図書館ホームページ上に，や
さしい日本語ページや蔵書検索にやさしい日本語表示が追加
されたりしています。
　また，マルチメディアデイジー講演会がきっかけで，製作
講座の開催や，ボランティアグループの発足にもつながり，
毎年，夏にボランティアグループの協力でマルチメディアデ
イジー読書体験会を開催しています。
　中央図書館では，2016 年度に次のような事業を行いました。
　ア　「マルチメディア DAISY 作ってみよう使ってみよう」
　　　製作講座
　イ　「マルチメディア DAISY 作ってみよう使ってみよう」
　　　読書体験会 & ユニバーサルおはなし会
　ウ　さわって読む絵本展・展示会
　エ　さわって読む絵本展・ワークショップ「てんやく絵本
　　　を作ってみよう！」
　オ　さわって読む絵本展・フォーラム「さわって楽しむ絵

本の魅力を探る」

　カ　第 12 回 LL ブックセミナー

　キ　さわる楽しさ，ふれる喜び 1　手作り布の絵本製作講
　　座

　ク　さわる楽しさ，ふれる喜び 2　さわるワークショップ
　　「触文化を体験しよう！」

③　高齢者読書環境整備事業

　この事業は障害者サービス担当ではなく，「館外サービス」
担当が行っています。

　地域の読書環境整備として，高齢者福祉施設への配本とボ
ランティアの派遣を 2000 年度に開始し，2005 年度より全区
で実施しています。

　配本は，大活字図書や写真集などを含む配本用の図書セッ
トを基本に準備し，定期的に入れ替えています。施設利用者
のニーズや個別のリクエストがあれば配本セットに追加して
います。

　ボランティアは各区単位のグループに参加し，各施設を定
期的に訪問しています。利用者と対話をしながら，図書の紹
介や貸出手続き，リクエストの受付のほか，レクリエーショ
ンとして紙芝居の上演，唱歌を一緒に楽しむなどの活動をし
ています。本をきっかけにしたコミュニケーションを図るこ
とを主眼にしつつ，レクリエーションでは参加型の演目を工
夫しています。大阪の名所やクイズを取り入れた大型紙芝居
など，小道具の自作を行うグループもあります。

　毎年，図書ボランティア入門講座を開催するほか，さまざ
まなテーマでステップアップ講座も開催し，ボランティアの

活動の支援も積極的に行っています。

（4） 課題，今後の展望

　障害者サービスを開始してから 40 年以上が経過しました。
社会環境の変化にあわせて，サービスの内容も少しずつです
が変化しています。最も顕著なのが来館される障害者が増え
たことです。それに伴い利用方法も多様化し，柔軟な対応を
求められるようになりました。課題は数多くありますが，主
なものとしては次のとおりです。

　ア　対面朗読室未設置館での対面朗読サービスの実施

　イ　利用対象以外の障害者に対する郵送サービス

　ウ　AV 資料の郵送での利用

　エ　電子メール等の活用

　オ　来館される障害者への対応

　　（わかりやすい案内，手話や筆談による応対など）

　カ　図書館ホームページのアクセシビリティ対応

　障害者差別解消法施行後，合理的配慮の提供のための個別
相談対応を行っています。それまでも担当者の対応可能な簡
易な個別対応は行っていましたが，継続的に行うための他担
当との調整や対応手順の作成などが求められています。これ
らの相談記録が図書館サービスを行う上での財産になってい
くことはわかっているのですが，記録をどの程度残しておく
のか，どのように情報を共有し引き継いでいくのかなど，決
めていくことが山積しています。

　また，図書館利用になんらかの障壁を感じている人たちに
対して，相談しやすい環境づくりや，相談を受ける職員（利用
者とかかわる全職員）への研修なども大きな課題です。これら

を少しずつでも進めていくことで，図書館の利用が広がって
いくことを願っています。

・・

墨田区立図書館　図書館利用に
障害のある人々へのサービス

　墨田区立図書館の障害者サービスは，1974年，図書館に身
体障害者小委員会を設置したことに始まります。以来，墨田
区立図書館では，誰もが使える図書館の理念の下，障害者用
資料の貸出，図書館に来館できない利用者へのサービスとし
ての宅配，拡大写本・デイジー図書・点字図書等などの障害
者用資料の作成，障害者サービスの普及・啓発のための催し
の実施など幅広く事業を展開しています。
　その中でも特徴的なものとして，障害者施設・高齢者施設
への訪問貸出と，障害者サービスの普及・啓発として行って
いる「視覚障害者と晴眼者が一緒に巡る図書館ツアー」があ
ります。

(1)　施設への訪問貸出
　墨田区立図書館が実施している，図書館に来館するのが困
難な利用者に資料をその手元まで届けるサービスとしては，
宅配（自宅配本）サービス，郵送サービス，施設サービスが
あります。この中でも特に力を入れているものは，その施設
へ訪問して行う施設サービスです。
　サービスの対象となる施設は，高齢者施設と障害者施設に
分けられます。特別養護老人ホーム等の高齢者施設では，来
館できない入居者や通所者を対象に，紙芝居や絵本の読み語
りを中心としたおはなし会を実施しています。毎月，施設か
らの希望により，墨田区内の7か所の特別養護老人ホームな
どへ，図書館職員とボランティアが一緒に訪問しています。
施設の規模にもよりますが，おはなし会には毎回30人を超

108

える人に参加していただいています。このような施設では，自力では本を読むことが困難な人が多いため，本の貸出を行うのではなく，ボランティアが中心となって本や紙芝居の読み語りを行っています。読み語りを行っているボランティアは，ひきふね図書館で開催する高齢者施設読み聞かせボランティア講座の修了者です。誰でもこの講座を受講でき，墨田区立図書館のボランティアとして登録すれば活動を始めることができます。現在，活動しているボランティアには高齢の方も多く，定年退職後の生きがいを求めてボランティア活動に参加している方もいます。読み語りボランティアは，元気な高齢者の社会参加にもなっているようです。高齢者施設における施設サービスでは，図書館職員は，主に事業の実施に際しての施設職員との連携にあたっています。

　また，障害者施設に対しても貸出用の資料を運び，来館が困難な障害者を対象に貸出を中心としたサービスを実施しています。現在は，墨田区内にある 60 人定員規模の障害者通所施設 3 か所で施設内に場所を借り，来館している障害者に，昼休みを利用して直接資料の利用を行っています。このような施設での資料貸出では，毎回 100 点程度の利用があります。図書館職員は，貸出を利用する来所者が自分の好みに合った本を選べるように，個々の利用者の嗜好を覚えておいて，ビジュアルな資料やスポーツ，動物の本・CD など，利用者に借りてもらえそうな資料を，毎回 300 点ほど選び施設に持って行きます。現在，このサービスを利用しているのは施設通所者の半分程度ですが，利用者や施設職員からは一定の評価を得ています。

(2)　視覚障害者と晴眼者が一緒に巡る図書館ツアー
　図書館の障害者サービスを利用している人の数は，実際に区内でこのサービスの対象になると考えられる人の数と比べれば，まだまだ少ないのが現状です。今後，図書館の障害者サービスをまだ利用していない障害者に，どのように PR していくかが重要です。
　ひきふね図書館では，障害者サービスの普及啓発の一環として，「視覚障害者と晴眼者が一緒に巡る図書館ツアー」という催しを，2016 年度から実施しています。
　このツアーは，参加した一般の利用者（晴眼者）が，視覚

障害者に図書館の施設・事業を案内するというもので，晴眼者は，自分が見たものや感じたことを言葉にして，視覚障害者に伝えながら図書館を案内していきます。視覚障害者は，晴眼者からの言葉の案内に対して，図書館について自分の中でよりイメージしやすくなるように質問を晴眼者に返していきます。こうしたやり取りを繰り返すことによって，視覚障害者は図書館という施設をイメージしていき，晴眼者は「見ること」という行為の意味や，「見た」ものを言葉で表現するということの難しさに気がつくことになります。このツアーの参加者からは，「街中で困っている視覚障害者を見かけたら，声をかける勇気が出た」という感想も寄せられています。ツアーの参加者は，図書館の中を案内するという行為を通して，障害者とともに生きていくというノーマライゼーション社会を体感することができます。

　また，このツアーのもう1つの大きな目的は，図書館の障害者サービスをより多くの人に知ってもらい，利用促進につなげるということです。ツアーの中では，図書館で行っている対面朗読などの障害者サービスも紹介しています。人は，誰でもいずれ高齢者になり，事故や病気で障害者になる可能性もあります。高齢者や障害者にとっても，社会で生きていくためには，情報が不可欠です。今は図書館を利用してさまざまな情報を得ることができても，高齢者や障害者になって図書館に行くことが困難になったとき，図書館が行っている障害者サービスを知っていることの意味は大きいと考えます。

　障害者差別解消法が施行されても，図書館を自分が利用できる施設だと思っていない障害者は多く，図書館の障害者サービスを知らないまま読書の楽しみをあきらめてしまう人もいるようです。図書館では，すべての人の図書館利用を促進するために，また，ノーマライゼーション社会の実現に向けて，さまざまな発信をしています。これからも，すべての人に，今，図書館が行っている障害者サービスを知ってもらうための取り組みを積極的に推進していきたいと思います。

田原市図書館　高齢者・福祉施設訪問サービス　元気はいたつ便

　「いつもほとんどしゃべらないのに，今日はなんと言葉を発してくれました！」

　これは，ある高齢者福祉施設のスタッフが，目を輝かせて私たちに語ってくれた驚きの声です。

　愛知県田原市図書館では，高齢者福祉施設への訪問サービス「元気はいたつ便」という事業を展開しています。サービスには2つの形があります。1つは，資料を定期的にお届けする団体貸出サービスです。大活字本をはじめ写真やイラストがたくさん掲載されたもの，なつかしく昔を思い出せるようなものをリクエストに沿ってお届けしています。

　もう1つは"回想法"を取り入れた訪問サービスです。回想法とは，日本では1980年代ごろから認知症の方を対象に行われた心理療法です。近年では介護予防として元気な高齢者にも行われるようになりました。簡単に言えば，昔なつかしい生活用具などに触れ，昔のことを思い出し，語り合い，脳を活性化するものです[1]。

　なぜ図書館が回想法を取り入れたのか。私自身，初めて回想法というものに触れたとき，「福祉や医療についての教育を受けていない司書が行う分野なのか？」と疑問に思いました。しかし，図書館には回想法で使用できるなつかしい写真や音楽などが収められた資料があります。また，田原市図書館では，博物館との連携により，民具なども容易に借り受けることができます。図書館職員の子ども向けのおはなし会のスキルも，高齢者向けに応用ができます。介護予防という医療的な考えは二次的であり，来館困難な方が図書館の資料を直接手に取って，楽しんで利用してもらい，図書館がより身近な存在になっていただくことを第1の目的として行っています。

写真　回想法の様子

　さて，最初に紹介しました驚きの声。実際に行ってみて回
想法の効果を実感しています。参加者の顔に笑顔があふれま
す。「この方は重度の認知症だから話しても無理かな？」と
想像しつつも，何度も語りかけをしていくと，だんだん表情
がゆるみ，反応してくれます。目の不自由な方ばかりがいる
施設にも訪問していますが，なつかしい生活用具に触れたり，
その音を耳で聞いたりしたときなどは，うれしそうに昔を思
い出して感慨に浸ってくれます。「楽しかった。毎週来てほ
しい！」と言ってくれたときは，本当にこのサービスを行っ
てよかったと思います。

　私たちは今後ますます，施設で地域で回想法が行われ，高
齢者の方々が元気になることを願っています。また，その一
翼を担うことができればと思っています。

注
1）梅本充子『グループ回想法実践マニュアル』すぴか書房
　2011　p.14

注

1) 鳥取県立図書館の目指す図書館像
 http://www.library.pref.tottori.jp/about/24-tosyokan-zou.pdf
2) はーとふるサービスコーナー
 http://www.library.pref.tottori.jp/heartful/post-1.html
3) 知ろう！学ぼう！楽しもう！みんなの手話コーナー
 http://www.library.pref.tottori.jp/heartful/cat306/h26711.html
4) 山本おさむ『遙かなる甲子園』双葉社　全 10 巻
5) 山本おさむ『わが指のオーケストラ』秋田書店　全 4 巻
6) 手話・字幕付図書館紹介 DVD『ホンとに役立つ鳥取県立図書館活用
 術』　http://www.library.pref.tottori.jp/guidance/cat69/dvd271124.html
7) ICT を活用した遠隔手話通訳サービスモデル事業
 https://www.pref.tottori.lg.jp/292473.htm

参考文献

　岡室公平「公共図書館における障害者サービスの確立をめざして－枚
方市立図書館における障害者サービスの歩み」『図書館界』44 巻 4 号
1992.11　p.156-165
　岡室公平「《報告 3》枚方市立図書館の障害者サービス　人と人の絆に
より支えられてきたサービスの軌跡」『図書館界』68 巻 2 号　2016.7　p.
88-95
　山口俊裕「聴覚障害者のための利用案内（手話・字幕版）』の作成」『図
書館雑誌』110 巻 2 号　2016.2　p.76-77
　山口俊裕「手話でたのしむおはなし会」『こどもの図書館』57 巻 11 号
2010.11　p.6-7
　枚方市立中央図書館『枚方市立図書館四十年誌〜平成元年以降の取組
み〜』枚方市立中央図書館　2016.3

9章｜大学・学校図書館の先進事例

9.1 立命館大学図書館

（1） 立命館大学における障害学生への学習支援

　立命館大学は障害を持った学生へのサポートにかかわる総合窓口として，2006年9月に「障害学生支援室」を設置し，障害学生と，障害学生をサポートする学生スタッフと，障害学生を担当する教職員，の三者を支援する活動を開始しました。障害学生支援室では当初より，視覚障害学生が授業を受講するための支援として，教材のテキストデータ化，点訳，代筆，代読などを行っていました。その後，著作権法の改正により，大学図書館は著作権者に無許諾で視覚障害者等が利用するに必要な形式で複製物を提供できるようになったことから，2010年7月より障害学生支援室と大学図書館が連携して，図書館資料をテキストデータ化し，視覚障害学生に提供するサービスを開始しました。現在は正課授業で使われる教材のテキストデータ化は障害学生支援室が行い，大学院生の研究や学生の自主学習に必要となる，図書館が所蔵する資料のテキストデータ化は図書館が行うことにより，明確に役割分担してサービスを実施しています。

(2)　図書館が行うテキストデータ化サービスの内容

　テキストデータ化のサービス対象者は「図書館の障害者サービスにおける著作権法第 37 条第 3 項に基づく著作物の複製等に関するガイドライン」に準拠し，視覚障害等を持つ本学に在籍する学生としています。本学図書館では日常的なサービス業務全般を，学校法人立命館の全額出資会社である株式会社クレオテックに委託しており，テキストデータ化のサービス実施も業務委託の対象としています。サービス利用の具体的な手順は以下のとおりです。

①　利用者登録

　図書館が資料のテキストデータ化サービスを行っていることは，障害学生支援室から障害学生に伝えられ，希望する学生は図書館を訪問して利用者登録を行います。登録時には医師の診断書や，身体障害者手帳を持っている場合にはそのコピーの提出を求めるなどの確認作業を行っています。なお，あくまで学生本人の希望により登録するものであり，必ずしも視覚障害等を持つすべての学生が登録しているわけではありません。

②　リテラシー研修

　図書館の一般的な利用ルール，図書館内にある視覚障害者等のための専用施設（ユニバーサル・アクセス・ルーム）の利用方法，テキストデータ化サービスの利用方法等について研修を実施します。資料を事前に渡して，あらかじめ内容を理解した上で図書館に来館してもらい，対面で説明を行います。なお，利用対象者は音声読み上げソフトでパソコンが使える

ことを前提としています。

③ テキストデータ化申込み

　利用者は電子メールあるいは図書館カウンターで資料を特定して申込みを行います。一度に申し込めるのは 3 件まで，累計 10 件までという制限を設けています。申込時には，「校正あり」（人手により 2 回の校正作業を行う），「校正なし」（OCRで処理するのみで校正作業は行わない）のどちらで作業するかを選択してもらいます。サービス開始当初は「校正あり」のみで作業を行っていましたが，大学が定期的に実施している学生との意見交換の場で「テキストデータ化作業には時間がかかることが多いため，正確でなくても早くほしい場合がある」という要望があったことから，「校正なし」のパターンでも作業するようにしました。「校正なし」のデータ化作業は数日程度で完了するため，「校正あり」より優先して作業にとりかかるようにしています。

④ 完成したデータの提供

　2014 年度までは CD-ROM にデータを焼き付け，図書館の資料のように貸出と返却を行っていましたが，2015 年度より学内の Web ベースの e-learning ツール「manaba + R」に作業完了したデータをアップロードし，あらかじめ登録した利用者のみダウンロード（自動公衆送信）して利用できるようにしました。これまで 420 件程度（2018 年 2 月現在，資料の一部のみテキストデータ化したもの，「校正なし」のものを含む）の作業を行ってきましたが，すべて manaba + R よりダウンロードすることができます。

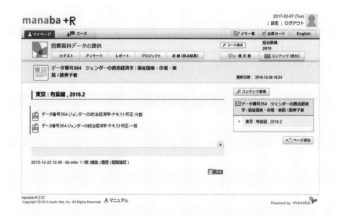

図　立命館大学 manaba＋R 画面

(3)　テキストデータ化の作業内容

①　資料の準備

　利用者から申込みのあった資料について，既存資源の有無を確認します（出版社，サピエ，学内等でテキストデータ化されたものはないか等）。本学図書館の所蔵資料をテキストデータ化するのが基本ですが，学生は資料の購入希望ができる制度があるので，所蔵していない資料は新たに購入する場合もあります。なお ILL 等で資料を取り寄せる場合には，あらかじめ相手先にテキストデータ化の可否を確認しています。

②　OCR 処理

　パソコン，スキャナー，一般的な OCR ソフトを使ってテキストデータ化します。「校正なし」のデータを作成する場

9章　大学・学校図書館の先進事例……117

合は，ページ番号のみ付けて完成となります。

③ 校正作業

「校正あり」校正のデータを作成する場合は，異なる担当者により2回の校正作業を行っています。作業完成は1つの資料で1か月を目安としていますが，実際にはページ数や内容（印刷された文字がOCRに適しているかどうか等）によって作業時間は大きく異なるので，完了まで数か月を要する場合もあります。校正後にページ番号をつけ，全文一括のデータと，章ごとに分割したデータの2種類のデータを作成して完成となります。

④ 提供

完成したテキストデータをmanaba＋Rにアップロードし，申込者に電子メールで通知します。これまでテキストデータ化してきた資料のリストは，図書館のホームページから閲覧できます。

(4) 課題，今後の展望

立命館大学図書館は，国立国会図書館の「視覚障害者等用データの収集および送信サービス」のデータ提供館となっています。2016年7月より，これまでの作業で蓄積したデータのうち，「校正あり」でテキスト化したデータの資料全文の提供を開始しました。これらは現在，国立国会図書館のウェブサイトより利用できます。今後，このような活動が多くの図書館に広がり，テキストデータ化した資料が，国立国会図書館を中心に全国の図書館に効率的に流通するようになること

を期待しています。

9.2 筑波技術大学附属図書館

(1) 筑波技術大学の概要

茨城県つくば市にある筑波技術大学は，日本で唯一の聴覚障害者と視覚障害者のための高等教育機関として，1987年に創立された国立大学です（創立時は短期大学）。社会に貢献できる先駆的な人材を育成することを教育的使命とし，この使命を果たすために幅広い教養と高い専門性を授ける教育を行っています。さらに，世界的な視野で聴覚・視覚障害者に対する高等教育の充実と発展に寄与することを期しています。

キャンパスは2か所に分かれており，天久保キャンパスに聴覚障害学生を，春日キャンパスに視覚障害学生を受け入れています。

附属図書館は各キャンパスに1館ずつ，聴覚障害系図書館，視覚障害系図書館の2館があり，それぞれの障害に対応したサービスを行っています。

(2) 聴覚障害系図書館

聴覚障害系図書館の特徴的な所蔵資料として，学習用字幕入りビデオテープやDVDがあります。これは市販の視聴覚資料の出版元から許諾を得て，本学の障害者高等教育研究支援センターの字幕挿入システムで字幕を挿入した資料です。館内の視聴覚コーナーで閲覧できます。視聴覚コーナーには，ビデオの音声を補聴器に送るための磁気誘導ループシステムが導入されていますが，補聴器の種類によっては対応しない

ものもあるため，現在はあまり利用されていません。視聴覚資料の提供にあたり，国内の高等教育向けの字幕入り視聴覚教材の発行点数は少なく，国外発行の日本語字幕入り教材は高額であるため，学習用資料の収集が課題となっています。

その他の所蔵資料では，設置学科関連の専門図書・雑誌を提供するとともに一般教養図書を幅広く所蔵しています。耳からの情報が入りにくいため，時事に関連する資料提供を心がけています。また，日本や海外の手話や聴覚障害関連資料の収集・提供も行っています。

館内には，緑・白・赤の3色で構成されたお知らせランプ8個が設置されていて，ランプはチャイムや非常ベルとあわせて使用しています。白点滅で注意喚起し，緑ランプは授業の開始・終了時に点灯，赤ランプは非常の場合に点灯します。また，テレビモニターが随所に配置されていて，学内ケーブルテレビによる広報が終日流れています。学生は，画面を見て授業や行事関連の広報を確認します。非常事態を知らせる文字放送を流すこともでき，非常時には非常口誘導灯の点滅装置が点滅し，警告音と音声案内が大きな音量で流れるようになっています。それに加えて図書館では，地震・火事等の非常事態を紙面で知らせる通知をあらかじめ作成し，非常時に利用者に見せることによって，すぐに伝えられるように用意をしています。

セキュリティ面では，エントランスに防犯カメラが設置されているほか，図書館の出口に設置されている資料無断持ち出し防止装置に回転灯が連動していて，作動した場合は，大きな警告音とともに回転灯が点灯し，出口のバーがロックされるようになっています。

当館は夜間開館時間に，聴覚障害のある学生が非常勤職員として勤務します。作業等で受付カウンターを離れる際は，利用者がボタンを押すと音と光で呼び出しを知らせるワイヤレスの呼び出しチャイムを利用しています。また，緊急時に電話連絡ができないため，隣接する警備員室直通の防犯ベルを設置しています。

　聴覚障害系図書館の受付カウンター上には常時，メモ用紙と磁気式メモボード（何度でも書き直せる筆談用具）が置いてあり，利用者からの要望や質問を受ける際に頻繁に活用しています。図書館職員は学内研修で手話の基礎を学びますが，十分な手話習得者ではないため，利用者の発話と手話で伝達内容を把握できない場合にこれらの用具が役立ちます。ほとんどの学生が，向き合ってゆっくり話すことで口の動きを読み取れるため，職員は口話で伝え，重要な要点だけを筆談しています。日常会話では手話が使えると，もっとスムーズなコミュニケーションが可能だろうと感じます。図書館オリエンテーションの際は資料の配布と資料の画面表示に加え，手話通訳とパソコン文字通訳がつきます。

　また，視覚障害を持つ重複障害者がいる場合は，資料を白黒反転させるなどの対応をしています。図書館開館日カレンダーの配色も，視覚障害系キャンパス所属の学生の利用を考慮して作成しています。また，図書館の利用方法や資料の探索方法等を記載した「目で見てわかる案内シート」作成を検討しています。

　図書館からの広報は，エントランスや館内への掲示，ホームページ掲載，ケーブルテレビ掲載等で通知します。学生への個別連絡が必要な場合は，大学管理の学生用メールアドレ

スを使用した通知や寄宿舎メールボックスへの手紙などを利用しています。

本学は天久保キャンパス全体で聴覚障害がある学生のための学習環境を整備しており，図書館もその役割の一端を担っています。これからも利用者が図書館を利用する際に存在するさまざまなバリアに配慮して，学修や研究に役立つ図書館作りを目指します。

(3) 視覚障害系図書館

視覚障害系図書館の収集する資料は，本学の学科に対応した分野の学術専門書を中心に，国家試験対策資料，教職課程関連資料，一般教養書等を選定しています。

これらの資料は活字図書だけでなく，点字版や音声版の資料についても入手を心がけています。その結果，点字図書や録音図書（カセットテープ，デイジー）の蔵書数は，当館資料の約25％を占めています。点字図書・録音図書の入手先は，点字出版施設等出版元からの購入，寄贈，本学の障害者高等教育研究支援センターでの作成などがあります。

このほか拡大・読み上げの効果を期待して，「Maruzen Ebook Library」や「NetLibrary」の電子ブックも随時少量ずつですが購入しています。

館内には対面朗読室が3室あります。室内には机と椅子，利用者用パソコン，拡大読書器，ホワイトボード・黒板を備えており，対面朗読サービスの利用がないときは，個人研究室またはグループ学習室として利用できるようにしています。

図書館へ視覚障害学生から対面朗読の希望が出されると，ボランティアに連絡して時間調整を行い，対面朗読サービス

を提供します。対面朗読サービスには現在20人ほどのボランティアが登録しています。学術書には専門用語が使われており，初見で正しく朗読することが難しいため下読みをさせてほしいという要望がボランティアから寄せられていますが，準備時間が十分に取れないことがあります。

　当館を利用する学生は，雑誌論文を読む機会も多いようです。そこで，本学所蔵の印刷された雑誌に掲載されている論文や，他大学から複写を取り寄せた雑誌論文を，視覚障害学生の要望に沿ってテキストデータ化するサービスを行っています。雑誌論文だけでなく，活字の蔵書についても要望があればテキストデータ化に対応することで学修を支援しています。

　また，当館はサピエ図書館の施設会員になっています。サピエ図書館にデイジーや点字データが存在する資料は，サピエ図書館からダウンロードし，視覚障害学生の持参した記録媒体に複製するサービスを行っています。以前は館内にサーバーを置き，学内の視覚障害学生向けに製作したり，サピエ図書館から配信されるデイジーや点字データを蓄積し，配信するサービスを行っていました。しかし，現在はサーバーを維持することが難しくなってきたためサービスを終了しました。サピエ図書館には，当館で作成したテキストデイジーデータを登録したり，本学所蔵のデイジー図書等の所蔵情報を登録し，他の点字図書館等との相互協力にも貢献するように努めています。

　設備面では，館内の主要通路に縦横に点字ブロックを敷き，視覚障害学生が移動しやすいよう配慮しています。弱視者にも見やすいよう，暗めの色調の床に黄色い点字ブロックを敷

き，コントラストをつけています。職員も学内のガイドヘルプ研修を積極的に受講し，学生の図書館利用を円滑に支援できるよう努めています。

　また，弱視者が見やすいよう，館内の時計や掲示物を顔の高さほどの位置にかける等の工夫をしています。

　図書館のカウンターは館内に入ってすぐのところにあり，半円形をしています。カウンターの縁にはクッションが貼り付けられ，角がなく，体がぶつかっても痛くないように配慮しています。無断持出防止装置のゲートにも，体があたって怪我をすることがないよう，クッションを巻いています。

　職員はカウンターに隣接する事務室に常駐しているため，カウンター上には職員呼出用音声チャイムのスイッチを設置しています。スイッチに加え，カウンターの縁の部分にセンサーを貼り付け，そこに白杖や手足を触れることによって音声チャイムが鳴るようになっており，利用者からの質問や要望を受ける際に活用されています。

　閲覧席や対面朗読室等には，利用者用パソコンを多数設置しています。すべての利用者用パソコンにレポート作成のためのWord，Excel等のソフトウェア，音声読み上げソフト・画面拡大ソフト，デイジー図書再生ソフトをインストールし，学生の学習環境を支援しています。さらに，利用頻度の高い一部のパソコンにはスキャナーを接続し，OCRソフトをインストールして学生の読書環境を支援しています。

　また，拡大読書器も館内の閲覧席に多数設置しています。特に24時間利用できる学習エリアには，利用者用パソコンとともに拡大読書器を集中的に配置し，図書館資料を活用したレポート作成や自学自習のためのラーニングコモンズ的ス

ペースとして活用しています。一部のエリアでは，大きめの袖机に2台拡大読書器を並べ，複数の資料を同時に広げて利用することができるようにしています。

　春日キャンパスでは，キャンパス全体で視覚障害のある学生の学修環境の整備を行っています。視覚障害系図書館でも同様に，支援機器の整備や新しい情報保障技術の理解に努め，学生のアクセシビリティ向上に貢献できるよう努力しています。

9.3 筑波大学附属視覚特別支援学校図書館

　筑波大学附属視覚特別支援学校は，東京都文京区にある，国立の視覚特別支援学校（盲学校）です。

写真　筑波大学附属視覚特別支援学校

(1) 学校の概要

① 沿革

その歴史は古く，1875（明治8）年5月に，古川正雄，津田仙，中村正直，岸田吟香，ボルシャルト，ヘンリー・フォールズの6人がフォールズ宅で訓盲のことについて話し合い，「楽善会」を発足したことに端を発しています。築地にジョサイア・コンドル設計の校舎を完成させ，盲生2人の入学生を得て「訓盲院」として授業を開始しました。以降，140年以上視覚障害児・者とともに歩んでいる学校です。

② 在籍者内訳

生徒数は2018年2月現在180人で，その内訳は，幼稚部12人・小学部29人・中学部36人・高等部普通科46人・高等部音楽科6人・高等部専攻科鍼灸手技療法科28人・高等部専攻科理学療法科15人・高等部専攻科音楽科2人・高等部専攻科鍼灸手技療法研修科6人となっています。

(2) 図書館の概要

本校には幼稚部から高等部専攻科まで，幅広い年齢層の生徒がいます。特に，高等部専攻科は学齢期の生徒だけでなく，ときには，ベテランの教員よりも年齢の高い生徒が入学してくることもあります。そのため，図書館も「幼小学部図書室」（以下，「1階図書室」），「中高図書室」（以下，「2階図書室」），「（専攻科生用）4階図書室」の3か所に分かれており，各学部によって利用されています。また，長い歴史を持つ本校は，初期の凸文字教科書など，明治期からの資料を多く所蔵しており，こちらは「資料室」で管理しています。図書館の蔵書は，点

字図書，墨字図書（書店で購入できる図書），拡大図書，録音図書，触る絵本など，すべてあわせて約2万8千冊（2018年2月現在）になります。

（3）　実践しているサービス

①　資料を収集する

　年齢，視覚障害の状況など，さまざまな生徒に資料を提供するためには，幅広い資料収集が求められます。点字図書，墨字図書，拡大図書，録音図書，触る絵本，新聞・雑誌など（詳しくは第2章を参照ください），同じタイトルでも，それぞれに合った形態を揃えるよう心がけています。

　たとえば，点字図書は，墨字図書では単行本1冊の児童書も2〜3分冊になり，かさばります。そのため小学部の低学年用には，もともと絵本であったお話などを点字読み物として用意し，1冊読み終えたという達成感と満足感を得られるように工夫しています。墨字図書は，文庫本ではなく，単行本で購入するよう心がけ，拡大図書はボランティアの手作りと，読書工房などからの購入で，数を増やしています。

　また，本校図書館でも録音図書はデイジーに移行しつつありますが，小学部低学年に限っては，まだまだカセットテープが主流です。子どもでも再生ボタンを押せば聞こえ，止めればその場所でずっと止まっているので，次に聞くとき続きがすぐに再生できます。再生回数が多いと切れてしまう難点はありますが，今後もしばらくは両形態での収集となりそうです。触る絵本はボランティアに依頼して作成してもらっており，さらに幼稚部・小学部では，家族も友達もみんなで一緒に利用できるユニバーサル絵本を作成している「ユニバー

サル絵本ライブラリー UniLeaf」から，数か月に1回貸出を
受けて，保護者にも紹介しています。新聞・雑誌は，点字で
発行されているものは少ないのですが，児童には『学習雑誌
テルミ』，生徒や教職員には『点字毎日』，『点字ジャーナル』
などを備え，提供しています。

② 機器を揃える

資料作成用の機器として，点字プリンター，立体コピー機，
コピー機，点訳ソフト，消磁気，ダビング機，パソコンなど
を利用しています。これらの専用の機器はとても高価なので，
すべて図書館独自で保有するというわけにもいきませんが，
学校の中にあるものを有効活用しながら，資料を作成してい
ます。また，読書用機器として点字ディスプレイ，テープレ
コーダー，デイジー図書再生機，CD プレイヤー，スクリーン
リーダー，音声ブラウザ，拡大読書器など，こちらは生徒用
に何台か揃えて，貸出するものもあります。

③ 自分で探す

視覚障害者，特に盲の人たちは，大人になるとインターネ
ット上にある「サピエ図書館」や地元の点字図書館などを利
用するようになり，書架の間を行き来しながら図書を選ぶと
いうことはほとんどなくなります。そのため本校では，でき
るだけ図書室内を自由に歩いて，時間がかかっても自分で選
ぶということを体験させています。小学部の低学年は主に担
任や図書係の教員とともに，アドバイスを受けながらそれぞ
れの力量にあった選書をしますが，高学年以上になると1冊
ずつ抜き出しては，タイトルを確認し，書き出しを少し読み

ながら選んでいきます。また，「1階図書室」以外では，多くの公共図書館と同じく，「日本十進分類法」で分類しています。そして，すべての図書の表紙と裏表紙の背表紙に近いところに，点字でタイトルと分類番号を貼っています。こうすると，図書を抜き出さず，図書と図書の間に手を入れて，書架に並んだままでタイトルが読め，たとえ天地が逆になっていても，そのままで確認ができます。誰にも邪魔されず，読みたい図書を手に取って探す体験は，誰にとっても必要でしょう。

④ イベントを開く

「1階図書室」主催のイベントとしては，「読書週間」「読書会」「夏休みに読んだおすすめ本の紹介」が挙げられます。毎週貸出のお手伝いをしている図書班の児童が，班活動の中で工夫をこらし，約2週間の「読書週間」を企画します。音楽を流したり，多くの図書を読んだ人を表彰したり，毎年その2週間は大忙しですが，お互いに助け合って頑張っています。また，「読書会」ではアナウンサーの方を招き，プロの方の朗読を聴く滅多にないチャンスを，生徒たちは毎年楽しみにしています。

「2階図書室」では，中学部図書委員会の主催で年1回，「朗読会」が開かれます。プロの朗読集団が毎年来校し，楽しいお話を聞かせてくださいます。行事等の忙しくない時期には，教員も昼休みに「ミニ朗読会」を開いています。

⑤ サピエ図書館

本校では，サピエ図書館に登録し利用しています。予算が少ない中，毎年利用料を支払うのは大変ですが，生徒が希望

したときに，登録済みのものはすぐにダウンロードして，プリントアウトあるいは CD にすることができるのが魅力です。本校のボランティアだけでなく，全国のボランティアが我々の活動を支えてくださっていることを実感し，励みにもなっています。

(4)　特徴あるサービス
①　外部機関を紹介する

　生徒たちが学校に在学している期間は決まっています。3年，6年，9年，どんなに長くても幼稚部から専攻科まで18年ほどです。そのあとは，地域の図書館やインターネット上の図書館を利用することになります。また，長期休暇中は図書室が開いていないため，休暇前の 10 日ほどは特別貸出をして，普段は 2 タイトルまでと決まっている上限をなくし，大量の図書を貸し出します。しかし，読書好きな生徒はそれでも足りず，もっと読みたいとほかを探します。そのため本校図書館では，できるだけの用意はするけれども他の機関も紹介し，両方上手に利用できるよう，折々に話しています。

　小学部では，「図書だより」で点字の児童書の貸出に特化した「点字こども図書室　大阪 YWCA　千里」や，点字付き絵本の貸出をしている「特定非営利活動法人　てんやく絵本ふれあい文庫」などを紹介しています。中学・高校生には，学校近くの区立図書館，日本点字図書館，帰省先に一番近い公共図書館，専攻科の生徒には附属の大学図書館や，学外者利用可の他大学図書館，対面朗読を行っている図書館などを紹介しています。また，最新のデイジー機器などの体験には，講習会を開いているところを教える場合もあります。

このように外の世界を知ることは，自分の世界を広げることだと思います。そのためにも，これからもより多くの公共図書館で，充実した障害者サービスが受けられるようにと願っています。

②　人との連携

　①にも関連していますが，本校図書館として人とのつながりを大切にしていることも，特徴として挙げられます。これはどこの図書館でもいえることですが，まず生徒（利用者）とのつながりは欠かせないものです。その他，本校教職員，他の施設や他校の職員の方々からの情報にも大いに助けられています。逆に外からの所蔵調査などには，できる限り答えるようにしています。

　そして何より本校図書館に誇れることがあるとしたら，それはかかわってくださるボランティアでしょう。全校の至るところにボランティアの力が見え隠れしていますが，中でも図書館はボランティアの力がなければ成り立たない場所となっています。点訳は，サピエの登録がなく生徒からリクエストのあったものはもちろん，各年代にあったものを依頼しています。約30団体が本校の希望によりデータ作成してくださいます。その他，音訳は2団体・拡大図書は3団体・触る絵本は4団体に，本校の希望などに沿って作成していただいています。

③　著作権法第37条第3項

　「視覚障害者その他視覚による表現の認識に障害のある者の福祉に関する事業を行う者」として，図書館では視覚障害

者等のために，図書のデータ化が行えるようになりました。そこで，本校図書館では理学療法科の教員と協議の上，ボランティアに協力してもらい，副教材のデータ化を行っています。弱視の生徒にとって，医学書の細かい図や文字は読みにくく，拡大コピーなどで補っても難しいことがありましたが，画面上で大きく広げられるデータは大変重宝しています。もちろん他の人に渡さない，インターネットにアップロードしないことを約束した上で，データは一人一人に手渡ししています。今後も必要に応じて，タイトルを増やしていく考えです。

④ 研究に協力する

開校当時からの貴重な図書は，別に設けられた「資料室」に置かれています。点字が制定されるまで使われていた文字の変遷など，他にはない資料も数多く展示，収集しており，創刊号からの『点字毎日』など，かつては図書館で読まれていたものも，時を経て「資料室」に移管されています。

(5) 課題，今後の展望

① 場所の問題

本校図書館は，前述のとおり 3 か所に分かれています。本来読書は年齢で分けられるものではないと思いますが，しかたなく図書を分散させて排架しています。どの図書室に所蔵しているかは検索してわかるものの，図書館管理を 1 人でこなすには，やはり不便です。

② 予算の問題

(3)でも書きましたが，資料も 1 つのタイトルで，複数の形

態のものを収集しなければなりません。また，機器について
も専門的なものが多く，1つ1つが高額です。そのため多く
の特別支援学校と同様，図書館を維持するためには普通校以
上に資料や機器にお金がかかります。しかし，使える予算が
少ないのが現状です。

③　人の問題

ボランティアは図書館の宝ですが，特に点訳グループで今
まで頑張ってきてくださった方々が高齢化で続けられなくな
り，グループも解散ということが毎年のように起こります。
これまで尽力くださった方々に感謝するとともに，これから
の人材を育てることも新たに考えねばなりません。

④　資料の問題

現在，学校図書館の役割の1つに「調べ学習」があります。
インターネットの普及で本校でも行いやすくなってはいます
が，やはり小学生のうちは図書を使って調べさせたいと思っ
ています。ですが，点字図書には調べ学習に適したものがあ
まりありません。もちろん現在流通している図書と点字図書
を比べれば，どの分野もほんの少ししか点訳されていません
が，今後は「調べ学習」の体験ができるような図書も，学校
の使命として増やしていきたいと思っています。

⑤　展望

「障害を理由とする差別の解消の推進に関する法律」（「障
害者差別解消法」）が施行され，図書館のサービスもこれから
ますます進化させなければなりません。本校図書館も，今ま

で以上によりよいサービスを心がけ，児童・生徒が有意義な学校生活を送れるようサポートしていけたらと考えています。

9.4 鳥取大学附属特別支援学校図書館（知的障害）

（1） 学校図書館の概要

　鳥取大学附属特別支援学校は，児童・生徒数 44 人，教職員数 32 人の，大学附属の知的障害特別支援学校です（2017 年 1 月末現在）。小学部 2 学級，中学部 3 学級，高等部本科 3 学級，高等部専攻科 1 学級，合計 9 学級のアットホームな雰囲気の学校です。本校では「生活を楽しむ子」を育むことを教育の基本理念としており，今の「生活を楽しむ姿」，「QOL」（生活・人生の質の向上）を大事にしながら教育活動を行っています。図書館教育では，知的障害がある児童・生徒にも文化や情報を保障していきたいとの思いから，その活動の拠点である学校図書館の充実に力を入れています。

① 施設・設備・蔵書

　2013 年の校舎改修に伴い，学校図書館も木の温もりとあたたかみのある空間へとリニューアルしました。面積は 70 ㎡ で改修前の 1.5 倍になり，司書室も設置しています。改修前は，児童・生徒がアクセスしづらい 2 階にありましたが，リニューアルに伴い，児童・生徒が玄関を入ってすぐ右のアクセスしやすい場所になりました。

　児童・生徒がリラックスして本を読むことができるように，カーペット敷きのコーナーを設けたり，生徒が捕ってきた川魚を水槽に入れて飼育したりして，児童・生徒にとって親し

みが持て，居心地のよい場所となるような環境設定を心がけています。また，集中しにくい児童・生徒も多いことから，プロジェクターと大型スクリーンを設置し，学習やマルチメディアデイジー図書，DVD の視聴等に活用しています。

写真　リニューアルした学校図書館

写真　大型スクリーンを活用したマルチメディアデイジー図書の視聴

附属学校部の学校図書館（特別支援学校・小学校・中学校・幼稚園）は，すべてネットワークで結ばれており，図書管理システムが導入され，パソコンでの蔵書管理や図書の貸出・返却を学校司書が担っています。蔵書冊数は以下のとおりです。

【ICT 機器・蔵書冊数】（2017 年 1 月末現在）
・パソコン 3 台（管理用 1・検索用 1・プロジェクター用 1）
・プリンター 1 台　・プロジェクター 1 台
・大型スクリーン 1 台　・書見台 2 台
・図書：3,921 冊（整備率 52.6％）
　参考：学校図書館図書標準（小・中のみの学級数で算出）
　　（LL ブック，音の出る絵本等のバリアフリー資料を含む）
・紙芝居：129 冊　・大型絵本：15 冊　・雑誌：105 冊
・パネルシアター・エプロンシアター：20 冊　・新聞：1 紙

　また，学校図書館の隣にはワーキングルームを併設しており，AV ブースとパソコンを 4 台設置し，活字だけでは読書が難しい児童・生徒のための読書スペース，DVD 等の視聴ができる余暇スペース，インターネットを活用して調べ学習ができる学習スペース，個別の空間で落ち着いて読書をしたい児童・生徒のためのスペースとして 2016 年 12 月に開館しました。設置している ICT 機器や蔵書メディアは以下のとおりです。

【ICT 機器・蔵書メディア】　（2017 年 1 月末現在）
・パソコン 4 台（3 台は Windows8　タッチパネル）
・タブレット 2 台（マルチメディアデイジー用）

写真　学校図書館の隣に併設されたワーキングルーム

・マルチメディアデイジー図書：351本（373タイトル）
・CD：7本　　　・DVD：85本

②　人的体制と物流システム

　本校では，2010年度より非常勤の学校司書を雇用しており，2016年度は週12時間，学校図書館でカウンター業務や環境整備等を行っています。また週4時間，専攻科の研究ゼミや高等部の余暇（読書）等の授業に学校司書として入っています。司書教諭も1人発令されており（2016年度は中学部主事と兼務），主に学校司書と司書教諭の協働で，学校図書館運営を行っています。校務分掌は，教務部に所属しており，同じ教務部の情報教育（担当）主任とも連携していくことで，児童・生徒の読書活動や学校図書館を活用した授業が活発化してき

ています。また，鳥取大学附属図書館を経由して，鳥取県立図書館や鳥取市立中央図書館の資料が本校に届くシステムができており，学校司書がその窓口を担っています。

(2)　実施している障害者サービス

①　バリアフリー資料の充実とわかりやすい環境整備

知的障害がある児童・生徒にもわかりやすいように，LLブックやマルチメディアデイジー図書，布の絵本，手話の本，触る絵本，音の出る絵本等のバリアフリー資料を購入し，バリアフリー資料コーナーを作っています。

また，わかりやすい資料の分類や表示を行うように配慮しています。基本的には将来の公共図書館の利用につなげるために「日本十進分類法」で分類していますが，蔵書冊数も少ないことから，児童・生徒のアクセシビリティを考慮して，第1次区分の1けたの数字とイラストを表示し，漢字にはルビをふって表示するようにしています。さらに，なるべくわかりやすい言葉で，「おりがみ」「あそび」「おべんとう」等，カテゴリー別に見出しをつけるようにしています。そうすることで，表示を見ながら自分の探したい本を探す児童・生徒の姿も見られるようになってきています。

②　個々の実態把握とニーズに応じた図書館サービス

本校には，7歳〜20歳までの児童・生徒が学んでおり，生活年齢が幅広い上に，個々の発達段階や障害特性もさまざまです。そのため，読書の実態や興味・関心は多様であり，学校図書館では個々のニーズに応じた図書館サービスを展開していく必要があります。

138

本校では，保護者や担任の協力を得て，全児童・生徒の「読書カルテ」を作成し，活字の読みや文章理解の程度，読書への興味・関心等を把握し，ニーズに応じた図書館サービスの提供を行うように努めています。「必ずルビがふってあるものがよい」「文字数が少ないものがよい」「魚に興味・関心があるから，魚の図鑑を購入しよう」「まだ文字が十分に読めないから，読み聞かせをしよう」等，個々の実態に応じて本をすすめたり，公共図書館からの借り入れや新刊図書の購入を行ったりしています。

　また，学校司書が児童・生徒からのリクエストやレファレンスに必ず応えることで，毎日のように自分の読みたい本をリクエストしに来館する生徒や調べたいこと，知りたいことがあると必ず図書館に「○○がわかる本がありますか」と言って来館する児童・生徒が増えています。学校図書館に「人（学校司書）」がいるようになったこの7年間で，レファレンス・リクエストともに増加しています。

(3)　特徴のある障害者サービス　マルチメディアデイジー図書の整備

　マルチメディアデイジー図書は，活字で読むことが難しかったり抵抗があったりする児童・生徒が読書に親しむための電子図書です。音声で読まれている部分がハイライトされるので，どこを読んでいるのか，文字を確認しながら読むことができ，文字の大きさや色，音声スピード等が個の実態に応じてカスタマイズできます。

　本校では，児童・生徒が，マルチメディアデイジー図書を，より主体的に選んで読書できるような環境整備に努めていま

す。1枚の CD に複数のマルチメディアデイジー図書が収録されていて，タイトルだけ表示されている形態では，紙媒体の本と違って，自分が読みたい本を選ぶことが難しいのが実態です。そこで，1タイトルずつデータを分割して CD に収録し，ケースに入れて表紙をつけ，ワーキングルームの AV 書架に分類して展示するようにしました。また，表紙の絵だけでは内容がわからないことも多いため，なるべく実際の本も一緒に展示するように工夫しました。そうすることで，児童・生徒が表紙の絵や紙媒体の本を見て，自分が読みたいマルチメディアデイジー図書を選ぶことができるようになりました。マルチメディアデイジー図書を視聴した後で，紙媒体の同じ本を借りる児童・生徒の姿も見られます。

　また，本校では児童・生徒一人一人が1台ずつタブレットを使える環境が整っており，情報教育（担当）主任と連携し

写真　視聴覚ライブラリー

て，学校図書館の検索用のデスクトップパソコンにマルチメディアデイジー図書の専用フォルダを作成しました。そしてタブレットと接続してデータを転送し，学校図書館以外の場所でも手軽にタブレットで，マルチメディアデイジー図書を読めるような環境を整備しました。その結果，児童・生徒自身が，自分が使っているタブレットにこの図書を入れてほしいと図書館を訪れ，読書をする姿が見られるようになりました。

(4) 課題，今後の展望

　以上のように本校では，まず在籍する児童・生徒の実態把握を行うことを大切にし，個々の実態に応じた図書館サービスを提供するように努めています。知的障害特別支援学校では，知的障害という障害に配慮することが大切なことから，「わかりやすさ」の提供，環境整備ということが重要になります。しかし，個々の児童・生徒の実態は多様であり，個に応じたサービスの提供を行うためには，学校図書館に常駐し，資料を知り，利用者（児童・生徒）を知り，その橋渡しをする「人（学校司書）」の存在が通常学校以上に不可欠だと痛感しています。

　また学校図書館には，「教育課程の展開に寄与する」という学校図書館ならではの目的があります。知的障害特別支援学校では一律の教科書を使用せず，児童・生徒の実態に応じて，教師が教育内容を設定するため，授業づくりになんらかの資料が欠かせません。本校では，教師のレファレンスに対応して，学校司書が授業づくりに必要な資料提供を行っており，単元ごとにブックリストを作成するようにしています。また，

司書教諭と学校司書が授業に入ることで，学校図書館を活用した授業も少しずつ増えています。しかし，学校図書館が活用されればされるほど，現在の学校司書や司書教諭の勤務体制では難しくなっていることが大きな課題です。

特別支援学校の学校図書館整備は全国的に遅れているのが現状ですが，今後，人的体制や物流システムも含め，施設・設備等の環境整備が進んでいくことを強く願っています。

9.5 東京都立大塚ろう学校

(1) 大塚ろう学校の学校図書館の概要

東京都立大塚ろう学校は，1926 年に開校し，90 年以上の歴史を有する，東京都内の聴覚特別支援学校の中で最も古い学校です。本校は，東京都豊島区巣鴨の本校舎のほか，2006 年から，旧都立江東ろう学校，旧都立品川ろう学校，旧都立杉並ろう学校を引き継いだ，城東分教室（江東区），城南分教室（大田区），永福分教室（杉並区）の 3 分教室を有しています。そこでは幼稚部・小学部における聴覚障害教育を行うとともに，乳幼児期の聴覚障害に関する相談・指導の拠点としての役割を担っています。2016 年 5 月現在での幼児・児童数は190 人，教職員数は 90 人という規模の学校です。

本校の学校図書館は，2016 年度現在，発令された司書教諭1 人と各学部あわせて 6 人の教員が運営に携わっています。学校司書は常駐していませんが，授業等での指導は，各担任が行っています。本校の図書館予算は，2016 年度で約 45 万円（分教室を含む）となっています。

豊島区にある本校舎には，2015 年の新校舎建設とともに完

成した新しい図書館があり，子どもたちが親しみやすく，開放的なつくりとなっています。読み聞かせスペースがあり，絵本の読み聞かせ等の活動に有効に活用しています。

　書籍の管理は，紙ベースだったものを，2015年にデータ化しました。蔵書数は約3,000冊，ただし書庫がないので，蔵書冊数の増加に伴って，手狭になってきているという課題もあります。2015年度には，古い本を大量に廃棄し，整備をしました。

　聴覚障害特別支援学校（以下，「ろう学校」）での読書指導の重要性は，従来からいわれてきました。聴覚障害のある子どもたちの場合，聴覚から情報を得るのが難しいため，視覚から情報を得ることが重要です。読書の楽しさや大切さが感じられるような支援や指導はもちろんのこと，読書を通して適切な情報を得て活用する力を育てることも，子どもたちが将来自立し，社会で生きていくためには大変重要です。しかし，聴覚障害児の中には，聴覚の障害のために読書力の発達に困難があることも少なくありません。

　ゆえに，ろう学校での読書指導では，読書の土台ともいえる読み書きの力をきちんと身につけさせることも必要です。つまり，子どもたちの生活全般で読み書きの力を身につけさせる指導を行いながら，そこでの課題や子どもたち一人一人の実態を十分考慮しての読書指導をしていくことになります。

　以上のことから，本校でも，読書活動に積極的に取り組んでいます。本校では，手話付きの読み聞かせボランティアによるおはなし会を年3回，小学部1，2年生を対象に行っています。また，毎年5月を読書月間としてさまざまな取り組みを行っています。2016年度は，「おすすめの本を紹介しよう」

という活動を行いました。おすすめしたい本を紹介し合う，自分の好きな本のお気に入りの場面の絵を描いて掲示する，子どもたちでブックトークをする等，子どもたちが本に親しみ，読書に関心を高めたり，読書の幅を広げたりすることに役立っています。

　読書月間だけでなく，他の月も小学部 5，6 年の児童による委員会活動の 1 つとして，図書委員会による「おすすめ本」の紹介があります。これは，図書委員会で児童が各月のテーマ（季節）に合うおすすめの本を選び，ディスプレーしたり，児童朝会で紹介したりする活動で，月 1 回，担当の児童によって行われます。

　また，2016 年度から，学校図書館のパンフレットを活用し，小学部高学年では「日本十進分類法」の指導を行っています。

　さらに，地域の図書館との連携も積極的に行っています。年度当初，図書館の職員に学校図書館の様子を見に来ていただき，学校図書館の環境について相談をしたり，助言をいただいたりしています。また，団体貸出も利用しています。学校図書館にない本で子どもたちに読ませたい本などを選び，活用しています。子どもたちだけでなく，教員も，授業内容と関連した書籍を探すのに，レファレンス貸出（調べ学習や学習テーマに沿った資料を探す支援）を積極的に利用し，よりよい授業づくりに役立てています。

　この他にも，本の貸出を定期的に行ったり，夏季休業中には読書記録や読書感想カードを児童に配布し，休業期間中に読んだ本について記録をするよう課題として出したりしています。なお，本の貸出期間は 2 週間，1 人 3 冊までで，貸出・返却の管理はカードで行っています。

以上のように，本校ではさまざまな読書活動を通して，子どもたちの読書に対する関心や態度を育て，読書生活の基本的な習慣を養うとともに，情報を適切に選択し，活用する方法を身につけられるよう指導しています。今後も，さらに図書館教育の研究を重ね，子どもたちの読書活動を推進していきたいと考えています。

(2)　実践例

①　手話による読み聞かせ

　本校では，手話による読み聞かせボランティアに来ていただき，おはなし会を小学部低学年を対象に年3回行っています。

写真　おはなし会プログラム

内容は，その時々のテーマに沿った本や紙芝居，手遊び歌等です。読み聞かせの後には，選書していただいた多くの本を楽しむ時間も作っています。おはなし会の後には廊下に本を並べ，自由に読めるようにしています。

　また，図書委員会活動の一環として，小学部低学年，高学年の児童に向けてのおすすめの本を，図書委員の児童が選び，月1回，小学部の朝会で発表しています。

写真　おはなし会風景 1

写真　おはなし会風景 2

② おすすめ本の紹介

　本校の学校図書館では，おすすめ本コーナーを設けています。季節にあった本など，テーマに沿った本を，図書委員会の児童と一緒に探し，排架しています。

写真　低学年向けおすすめ本コーナー

写真　高学年向けおすすめ本コーナー

写真　読み聞かせスペースとその周辺

③　地域の図書館の活用

　本校では，地域の図書館の活用も積極的に行っています。たとえば，豊島区立巣鴨図書館で行っている「学校訪問」「レファレンス貸出」などの図書館サービスを，学校図書館の環境整備や授業の指導計画作成の参考等に活用しています。「学校訪問」は，図書館の担当者が学校を訪問し，図書館の使い方やブックトーク，読み聞かせ等を行うサービスです。年度の初めに，巣鴨図書館の担当者に来校していただき，図書館の現状を見てもらい，排架や選書のアドバイスをもらっています。専門家の視点で，図書館の環境を見ていただくことができるので，図書館の環境を設定するにあたり大変参考になっています。

　「レファレンス貸出」は図書館の担当者が，調べ学習や学

習テーマに沿った資料を探す支援と資料の貸出です。利用日の2週間前までに申し込み，貸出期間は30日間です。本校は巣鴨図書館に団体登録をしています。

貸出カードは各担任分用意しており，教員が授業計画の参考にするためにサービスを活用する際には，この団体貸出によって申し込みをしています。

所定の用紙に記入し，書名がわからない場合は，キーワードを書き入れるだけでも書籍を探してもらえて大変便利です。国語の授業で使用する本や，社会科の調べ学習で使用する本など，教員のニーズに応えて選書してくれるため，とても役立っています。

地域の図書館のブックトークや読み聞かせ等のサービスについての活用は，今後の課題です。

コラム

おはなしの会・うさぎ　東京都立墨東特別支援学校の子どもたちとの読書活動

(1)　「おはなしの会　うさぎ」－ぴょんと誕生

「おはなしの会　うさぎ」の活動拠点，東京都立墨東特別支援学校には，所在する江東区と近隣4区から通う肢体不自由・病弱の小学部（小学生）から高等部（高校生）の子どもたちが在籍しています。車椅子利用の児童・生徒が約85%,

見え方や聴こえ方，発達にも課題を抱えています。

　墨東特別支援学校は東京都の指定を受け，2012 年より「言語能力向上事業」に取り組み，担当の生井恭子教諭が「図書館整備」と「外部専門家による読書活動」をスタートさせました。後者の活動として「おはなしの会　うさぎ」が誕生しました。

　2012 年度のおはなし会は，8 日間の訪問で各グループへ計 16 回，2013 年度は 13 日間，33 回の実施でした。この間，校長先生はじめ学校関係者に活動が認知され，2014 年度から正式に「おはなし会講師」として謝礼をいただくことになりました。職務内容は「都立墨東特別支援学校（本校）における全学部，全課程を対象におはなし会（読み聞かせ）を実施する」です。2014 年度は 14 日間，38 回，2015 年度は 19 日間，65 回，2016 年度は 22 日間，83 回実施しました。子どもたちや先生方から内容についてのリクエストも出てくるようになりました。

　メンバーは教師が 2 人で学校との調整役，実演者は子どもたちと多様な活動を重ねてきた 3 人で，小学部から高等部の学年や教育課程に応じて編成されたグループへの「おはなし会」を行っています。5 年間の活動の報告集，『おはなし会がはじまるよ！－特別支援学校（肢体不自由校）での図書館活動－』も発行しました。

(2)　プログラム作りへの挑戦－継続は力なり，笑顔が原動力

　私たちの活動の基本は各グループに向き合ったプログラム作りと，取り上げたおはなしや本をどのように伝えていくか考え，実践していくことです。内容は，わらべうたや手遊び，読み聞かせ，語り，本の紹介，紙芝居，科学絵本と実物の組み合わせ，音楽と絵本のコラボ，参加型の取り組み等々，多岐にわたります。

　毎回のプログラム作りは一人一人の顔が見えてくるにつれ，課題が増すばかりです。けれども，始めの頃と大きく違ってきたのは，私たちが頑張るのではなく，子どもたちや先生方とともに楽しい時間を作ろうと考えられるようになったことです。当初は子どもたちの反応がまったくつかめず悩みましたが，継続するうちに気持が少しずつ読み取れるようになり，

150

何よりその笑顔に支えられ，プログラム作りに挑戦し続けています。

　伝え方も果物の絵本のときには，本物の匂いを嗅いでもらったり触れてもらったり（アレルギーの子もいるので要確認ですが），読み方も一人一人の前に立って個々に適した速さなどを確認しながら読んでいきます。1冊の本を何度も読むことになりますが，子どもたちはじっと待っていてくれます。

　今後の課題は，さらなる学校図書館の充実と学校司書の配置です。それがあってこそ，私たちの活動もより広がり深まっていけます。そして，障害があってもなくても，とりわけさまざまな困難を抱えた子どもたちの身近に，いつもおはなしや本の世界が優しく寄り添えるよう願ってやみません。

10章 視聴覚障害者情報提供施設 などの活動紹介

10.1 日本点字図書館

(1) 日本点字図書館の概要

　日本点字図書館は 1940 年に創立された，点字図書・音声図書等を製作し貸し出す，日本最大の視覚障害者情報提供施

写真　日本点字図書館

設[1]です。点字図書約 21,100 タイトル，音声図書等約 17,400 タイトルを所蔵し，点字図書・音声図書等を年間約 1,300 タイトル製作しています。貸出サービスは全国を対象に行っており，約 1 万 2 千人の利用者に年間約 28 万タイトルを主に郵送で貸出しています[2]。その他，視覚障害者情報提供施設の中央館として「サピエ図書館」のシステムおよびハードウェアの維持と保守管理を行っています。また，当館の特徴的な事業として，視覚障害になって不便を感じている人たちへの相談やさまざまな訓練，視覚障害者の生活を便利にする用具類の販売も行っています。

(2) 利用者の年齢とニーズ

　図書館利用者の年齢分布は 50 代以下が 4 割，60 代以上が 6 割という構成で，高齢者の割合が高くなっています。読書趣向は文芸書，歴史小説のような「楽しむ読書」が中心となっていますが，教養書，実用書などの「知る，学ぶ」読書にも幅広いニーズがあります。また，デイジー再生機の基本的な操作だけができる人から，パソコンを使いこなせる人まで，読書スキルもさまざまです。このような利用者に対して行っている当館の事業について，資料製作，利用者サービス，QOL（生活の質）向上の 3 つの視点から説明します。

(3) 資料製作
① 多様な読書ニーズに対応するために

　当館は年間に点字を約 190 タイトル，音声デイジーを約 540 タイトル，テキストデイジーを約 580 タイトル，マルチメディアデイジーを約 10 タイトル製作しています。特に近

年，テキストデイジーの製作に力を入れています。テキスト
デイジーは，合成音声で読み上げる際に漢字等の誤読が避け
られないという欠点はありますが，数か月の製作期間を要す
る点字図書・録音図書に対し，早いものでは数週間で製作で
きます。短期間で製作が可能なため，利用者の個別のニーズ
や，多様な読書趣向に応えやすい資料といえます。今後，再
生環境の向上とともに利用者がさらに増えていくものと思わ
れます。

② プライベートサービス・専門対面リーディング

サピエ図書館等で検索し，どの施設にも蔵書がない教養図
書を，無料で点訳，あるいは音声化するサービスです。近年
は，希望によりテキストデータやテキストデイジーで提供す
ることもあります。ただしこのサービスは，東京都内に在
住・在学・在勤する方が対象となります。また，専門対面リ
ーディングは，専門図書や資料を対面で朗読するサービスで
す。医学・コンピュータ・音楽・語学・法律などの専門書を
読める方がボランティアとして登録しています。このサービ
スは，当館に来館可能な視覚障害者であれば，どなたでも利
用できます。なお，この2つのサービスでは，利用者ご自身
に元資料を用意していただきます。

(4) 利用者サービス
① 機器の操作が苦手な方へ

利用を開始する中途視覚障害者の多くは，音声図書の利用
を希望します。目が不自由になり，まだ生活に多くの不便さ
を感じる人にとっては，デイジー再生機を操作できるかどう

か不安に感じます。また，高齢者の中には，CD プレーヤーを扱ったことがないという人もいます。そこで，来館される利用者には，ご自身で操作ができるように機器の基本的な操作説明を行います。しかし，それでも不安な方，来館できない遠方の方には，機器の短期的な貸出（1 か月間）を行い，実際に機器の操作ができるようになってから利用を始めてもらうようにしています。

② サピエ図書館を利用できない方へ

サピエ図書館には常時，完成図書のデータがアップされます。その中の週刊誌，月刊誌などの逐次刊行物は，種類も豊富でとても人気があります。これらの逐次刊行物の多くは，メディアとしての蔵書がない配信のみのコンテンツとなっています。また近年，単行本などでも配信のみのものが増えてきています。これらはパソコンなどでサピエ図書館に直接アクセスできる人しか利用できません。そこで，サピエ図書館を利用できない方を対象に，当館が利用者に代わってコンテンツをフラッシュメモリ（以下，「メモリ」）にダウンロードする「ダウンロードサービス」を行っています。

利用者にはご自分のデイジー再生機等で利用可能な種類のメモリを購入し，当館に送ってもらいます。そのメモリに利用者からリクエストされた資料をサピエ図書館からダウンロードして提供します（1 回 10 タイトルまで）。この方法であれば人気図書が予約待ちになることもなく，雑誌も含めたサピエ図書館のすべてのコンテンツを利用することができます。また，利用者個人のメモリであるため返却の必要がなく，期限を気にせずに読書を楽しむことができます。このダウンロ

ードサービスは，現在約 600 人が利用しています。

(5) 個々の利用者の QOL 向上のために

① 中途視覚障害者の点字教室

　視覚障害になった方のために，点字器を使った点字の読み書きを初歩から指導する講座です。最長 3 年のコースで，週に 1 回 70 分，マンツーマン方式で指導するので，本人のペースで進めることができます。また，このような教室を通じて，同じ視覚障害者の仲間たちとふれあう機会が持てることも大きな励みになります。

② IT 教室（パソコン，iOS 端末の入門講座）

　視覚障害者が自ら情報を入手し発信できるようになれば，インターネット上の世界とつながることができます。とかく自宅に閉じこもりがちな視覚障害者にとって，IT 機器を使用できるようになることは，大変意義があります。「IT 教室」は週に 1 回 90 分，5 回コースで，マンツーマン方式の有料の講座です。自分が IT 機器で何をしたいか（メールの送受信，サピエ図書館の利用，ニュースを読むなど）を聞き，まず，その 1 つができるように指導します。最近は，iPhone，iPad などの iOS 端末の操作を希望する方がパソコンを上回るほど増えています。

③ 視覚障害者用生活用具の販売

　見えにくくなると，これまで視覚を頼りに行ってきた多くのことができなくなってしまいます。当館では視覚障害の方に便利なさまざまな用具を販売しています。点字器や白杖は

156

もちろん，デイジー再生機，調理器具，生活雑貨，計測機器，防災用品，ロービジョングッズなど，約900種の商品を扱っています。これらの中には，補装具・日常生活用具という福祉制度を利用して購入できるものもあり，全国の役所への申請手続きも行っています。また，Web上にあるショッピングサイト「わくわく用具ショップ」を利用すれば，インターネットを介して全国誰でも購入することができます。

(6)　おわりに

　以上のように，当館には，図書の貸出，相談支援・自立訓練，用具の販売など，さまざまなサービスの入り口があります。視覚障害者がこれらの1つを利用することでほかのサービスを利用し始めるようになり，生活がより積極的になっていきます。当館は，このようなさまざまなサービスの提供によって，利用者自身がQOLのサイクルを回し始める支援を行っています。

10.2　堺市立健康福祉プラザ視覚・聴覚障害者センター

(1)　図書館の概要

①　堺市について

　堺市は大阪市の南に位置し，古代には百舌鳥古墳群がつくられ，市内には多くの古墳が点在しています。中世には海外との交易の拠点として栄え，文化都市としても繁栄し，現在は人口84万人の政令指定都市となっています。視覚障害の障害者手帳所持者は，2016年度で約2,200人です。

② 建物について

堺市立健康福祉プラザの周囲には履中天皇陵，大仙公園があり，緑あふれる静かな環境になっています。視覚・聴覚障害者センターは，堺市立健康福祉プラザの2階にあります。健康福祉プラザは障害のある人の社会参加，地域生活を支援するとともに，障害者と市民が交流を通じて相互理解を図ることを目的とした，広域的で総合的な拠点施設です。敷地面積は8,302㎡，延床面積は17,350㎡で，4階建ての建物です。中には体育室・プールなどのスポーツ施設，更生相談所・こども相談所等の行政機関もあり，さまざまな障害者が来館されます。

③ 施設の成り立ち

堺市では独自に点字図書館を設置しており，スタートは1967年で，堺盲人協会と堺市福祉事務所により開設された小さな点字図書室でした。その後，1972年に堺市立点字図書館として開館し，以後40年間，堺市が直接運営を行ってきました。その後，2012年の堺市立健康福祉プラザ開設と同時に，厚生労働省認可施設の視覚障害者情報提供施設となり，名称も「堺市立点字図書館」から「視覚・聴覚障害者センター」（以下，「センター」）と変更し，あわせて指定管理者制度での運営に移行しました。現在は聴覚障害者情報提供施設と事務室を共有し，堺障害者団体連合会が運営管理団体となっています。職員は，館長，音訳担当，点訳担当，点字校正，貸出担当が各1人，相談担当が2人の計7人の職員とアルバイト1人で運営しています。そのうち司書資格を持つものが3人で，視覚障害当事者は1人となっています。相談担当は社会福祉

士の資格を持つもの，視覚障害者のリハビリテーションにかかわる研修を受けたものが配置されています。

写真　書庫のデイジー棚

写真　点字校正室

④　利用登録者

　堺市が設置している施設であるため，利用登録者は堺市に在住・在学・在勤の視覚障害者が対象となっています。施設の利用登録者は約400人であり，市内の視覚障害者の身体障害者手帳を持っている人の2割弱が登録しています。堺市では，それ以外に読書困難者の登録も認めており，現在14人の方が登録をしています。

(2)　実施している障害者サービス

①　音訳・点訳図書の貸出

　貸出は来館や電話で受付をして，デイジー CD・点字本を送付する直接貸出と，サピエ図書館を利用したインターネット経由でのデータ貸出を行っています。直接貸出は年間で約1万3000件，データ貸出は約5万件となっています。

②　ボランティアの養成・育成

　毎年，音訳ボランティア・点訳ボランティアの基礎講習会を実施し，20人ほどを新規で養成しています。修了者はボランティアグループに属し，センターを中心に活動する音訳・点訳ボランティアは現在約200人います。

　基礎講習を修了した人には，スキルアップの講習会を実施し，新たなニーズに対応できるボランティアの養成を継続的に行っています。最近は点図作成や漫画の音訳に加えて，マルチメディアデイジーの製作，テキストデイジー製作の研修会を行い，幅広いニーズに対応できるような支援者の養成を行っています。また音声解説（映画や舞台等）や文字情報のテキスト化の支援者養成も行い，視覚障害者にさまざまな形で

情報提供を行う体制を整えています。年間で約260回の講習・勉強会を実施し，延べ2,000人の方が参加しています。

　音訳・点訳については一般的な書籍だけでなく，医療情報関連にも力を入れており，国立がん研究センターと協定を結んで，主に同センターが発行するがんに関する書籍・パンフレットの製作を積極的に行っています。

③　対面朗読サービス

　センターでの対面朗読サービスに加えて，市内の公共図書館で対面朗読が可能な4つの図書館とも連携し，サービスを実施しています。年間250件ほどの利用があり，約半分はセンターでのサービスとなっています。このサービスの利用者は視覚障害者が中心ですが，今後，堺市が読書困難者へのサービス提供も検討しており，センターとしても積極的に対応するつもりです。具体的には，対面朗読講習会等を連携して実施することができないか検討しています。市内全域の図書館で対面朗読サービスを受けられることで，視覚障害者がセンターまで来館する必要もなくなるというメリットがあり，公共図書館と定期的に会議を実施して検討しています。

(3)　特徴のある障害者サービス

①　相談・訓練事業

　センターでは図書館業務に加えて，相談・訓練がもう1つの主な業務として位置づけられています。相談については見えない・見えにくい人やその家族・支援者から福祉サービス・生活の工夫等について受け付けて随時応対しています。このサービスは来館だけでなく訪問でも行っており，来館しにく

い方にも使いやすいサービスとなっています。

　訓練についても来館・訪問で支援を行っています。内容は点字本を読むための触読訓練，デイジーを聞くための機器の操作訓練，見えにくい人のためのルーペの選定・使い方，拡大読書器の使い方等を実施しています。また，音声パソコンによる読書，スマートフォン・タブレットでの読書などの方法についても支援を行っています。

　読書に関することだけでなく，白杖を利用しての歩行訓練，見えにくいことで行いにくくなる料理の方法，日常生活における便利な道具の紹介，見えにくさを補う技術の提供なども実施しています。相談・訓練事業は5年前に始まったサービスですが，利用者は年々増えており，相談・訓練の合計は年間約1,300件で，そのうち訓練は約1,000件となっています。

②　機器の展示，貸出

　見えにくい方のためのルーペ，拡大読書器，点字習得のためのタイプライター，点字器を用意し貸出しています。また生活に便利なグッズや白杖，音声パソコン等も複数の種類を用意し，来館者が体験できるようになっています。

(4)　今後の展望　地域の視覚障害者拠点として

　センターとして開館して5年ではありますが，以前の点字図書館という認識に加えて，さまざまな情報を相談・提供できる施設という認識が地域内で広がり，視覚障害者当事者の相談だけでなく，行政・福祉事業者からの問い合わせも増加しています。その結果，図書館利用登録者も増えています。といっても，登録者は障害者手帳保有者の2割弱で，センタ

ーの存在を知らない人が多数いると思われますので，最近は
眼科との連携を重視し，見えなくなった人へ早い段階で必要
な情報を提供することにも力を入れています。今後は地域に
おける視覚障害者情報提供の拠点となるべく，公共図書館，
行政，事業所と連携しながら，活動の幅を広げていく予定で
す。

10.3 聴力障害者情報文化センター

(1) 聴覚障害者情報提供施設とは

　社会福祉法人聴力障害者情報文化センターは，1991 年より
東京都から認可を受けて聴覚障害者情報提供施設を運営して
います。

　厚生労働省が主管する施設で，聴覚障害者を対象に字幕(手
話) 入りビデオカセットの製作・貸出，手話通訳等を行う人
の養成・派遣，情報機器貸出等を行う施設です。

　厚生労働省令では，「聴覚障害者用字幕（手話）入ビデオカ
セットの製作及び貸出事業を主たる業務とし，併せて手話通
訳者の派遣，情報機器の貸出等コミュニケーション支援事業
及び聴覚障害者に対する相談事業，関係行政機関及び障害者
団体等と協力し，聴覚障害者の文化，学習，レクリエーショ
ン活動等を援助するとともに，その推進に努めること」と業
務指針が定められています。

　東京都の場合，これらの事業のうち，聴覚障害者情報提供
施設が法定化される前から実施されている手話通訳等の養
成・派遣事業および福祉機器の貸与窓口は，東京手話通訳等
派遣センターが担っています。当法人は主として「聴覚障害

者用字幕（手話）入ビデオカセットの製作及び貸与」「文化・学習・レクリエーション活動等の援助・推進事業」「相談事業」等を担っています。

(2) 聴覚障害者向け映像について

聴覚障害者にとって，テレビ番組や映画，各種映像資料は，娯楽であると同時に，情報を取得するための貴重なメディアです。

聴覚障害者が放送番組や映画等の映像を利用する場合，セリフ等の音声情報を字幕や手話で保障することが必要です。字幕は，聞こえる人たちがイメージする洋画の字幕とは少し異なり，セリフ以外の音情報をト書きや擬音で表示したり，話者の名前を表示したり，あるいは映像と字幕の両方を楽しめるようにセリフを要約したりと，聴覚障害者の特性にあわせた配慮がなされています。また聴覚障害者の中には，手話を母語とし日常のコミュニケーション手段として使用する人たちもいます。こうした「ろう者」には，日本語音声を手話翻訳した「手話映像」を付加した映像資料が，よりわかりやすいものになります。

近年，地上波放送では字幕付き番組も増えてきましたが，映画やその他の映像資料にまで視野を広げると，まだまだ聴覚障害者の映像視聴環境は不十分といわざるを得ません。また手話付きの映像資料にいたっては，放送番組も含めて，ほとんど用意されていないのが現状です。

当法人では，聴覚障害者の特性に配慮した字幕・手話入り映像を製作し，無償で貸し出す事業を行っています。国の地域生活支援事業である「ビデオライブラリー共同事業」（放送

番組や映画等に字幕や手話を入れて無償で貸し出す事業）の作品の製作・頒布や，施設の独自製作として聴覚障害者向けの映像製作を行っています。

また地域施設との連携として，都内の図書館への製作協力も行っています。例としては，八王子市中央図書館への協力があります。図書館で製作する聴覚障害者向けの図書館利用ガイド DVD や，地域のろう者の手話語りを収録した DVD の編集作業，字幕製作に協力しています。

これらの映像資料は，聴覚障害者に使用が限定されている作品以外に，広く一般にも使用できる作品もあります。今後，聴覚障害者や手話について，また聴覚障害者向け映像作品について広く知っていただくためにも，聞こえる人でも利用できる作品の製作・頒布を進めていく予定です。

(3) 聴覚障害者情報提供施設のさまざまな事業について

当法人では聴覚障害者情報提供施設として，聴覚障害者の社会参加を支援しています。

① ライブラリースペースの運営

どなたでもご利用いただけるスペースを提供し，福祉機器の展示や，テレビやパソコンの使用，聴覚障害者向け映像資料や聴覚障害者関連の資料や図書等の閲覧・貸出等を行っています。

② 文化教養講座

文化・教養のための講座を企画・運営しています（生け花・絵画・書道・英語・フィットネス等）。聴覚障害者が楽しめて文

化活動や学習ができるよう，情報保障やその他の配慮を整え
ています。

③　交流活動支援

同じ障害を持つ方同士の相互交流により，孤独感の緩和や
生活の質の向上を目的にして実施しています（シニアサロン・
難聴者サロン・手話サロン・働く人のサロン・子育てサロン・その
他）。

④　その他の単発事業

野外活動や季節のイベントなどを企画し，聴覚障害者の方
が楽しめるように配慮して実施しています（花見会・クリスマ
ス会・講演会等）。その他，さまざまな社会資源との連携も心
がけており，中でも図書館との関係は，たとえば講演会を実
施した際にそのテーマに合う本をまとめてお借りするなど，
コラボレーション的な取り組みも実施しています。

⑤　相談支援事業

当施設において，年間の相談件数は2014年度2,099件でし
た。内訳は図のとおりです。メンタルに関する相談が19％
と多いことがわかります。

相談には下記のような内容があります。

ア　精神科病院から退院した後の生活支援の依頼→当施設
　　プログラムへの参加促進やケースワークの充実。個別
　　SST（社会生活技能トレーニング）等と地域社会資源への連
　　携支援。

イ　家庭内において対応に困難を抱えている→ご家族に対

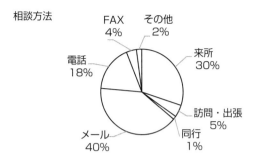

相談方法

FAX 4%
その他 2%
電話 18%
来所 30%
訪問・出張 5%
同行 1%
メール 40%

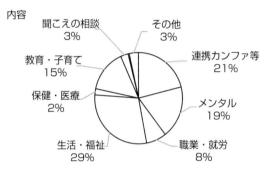

内容

聞こえの相談 3%
その他 3%
教育・子育て 15%
連携カンファ等 21%
保健・医療 2%
メンタル 19%
生活・福祉 29%
職業・就労 8%

図　相談の内訳

　応方法を学んでいただく。家族心理教室の開催。

ウ　社会に適応できない（不登校・出社拒否）→学校や企業
　との連携。保護者との連携。アウトリーチ（家庭訪問）や，
　面接を通して本人へのメンタルケアや SST 等の支援。

エ　集団援助→同じ悩みを持つもの同士の共感と分かち合
　いの場を提供。

オ　ソーシャルアクション→社会環境への働きかけ。理解
　啓発支援。

これらの相談支援は，各地域においても展開されているものですが，意思疎通に困難を抱える聴覚障害者への対応は簡単ではなく，地域の相談窓口で対応に苦慮しているケースが回ってくることも少なくありません。当施設では日々，聴覚障害者の心の問題やさまざまな社会問題に向き合いながら，ソーシャルワークを実践しているところです。

また，都内の聴覚障害等関係団体と連携をとりながら，聴覚障害者の生活問題を掘り起こし，必要な支援につなげ，一人一人の聴覚障害者が住みなれた地域で安心して暮らせること，社会的な存在であり続けることができるよう，働きかけています。聴覚障害者が孤立せずに笑顔で意思疎通ができ，社会参加できることが当たり前になっていくことを願い，聴覚障害者にとってオアシスのような場所となるよう努めています。

10.4 熊本県聴覚障害者情報提供センター

(1) はじめに

1990年の「身体障害者福祉法」改正で，点字図書館の規定が視聴覚障害者情報提供施設の規定となり，新たに聴覚障害者情報提供施設（以下，「情報提供施設」）が加わりました。

点字図書館等が，視覚情報（活字資料等）を触覚情報（点字図書）として，または聴覚情報（録音図書）に変換し利用してもらうのと同様に，情報提供施設では聴覚情報（放送番組等の映像の音声部分）を字幕等に変換・映像に付加し，貸し出すことをメインの事業とすると規定されました。いわゆるビデオライブラリー事業です。

熊本県聴覚障害者情報提供センター（以下，「熊本情提センター」）は 1992 年に県立の施設として設置され，ビデオライブラリー事業を中心に事業を展開してきました。

　しかし，情報提供施設が法制化されて 30 年近く経つ中で，テレビ番組の大半には字幕が付加されるようになりました。この変化は聴覚障害者にとって歓迎すべきことですが，同時に情報提供施設のメイン事業の根本的見直しが必要になりました。

(2)　映像製作と著作権問題

　情報提供施設のメイン事業である放送番組に字幕等を付加し，ビデオライブラリーとして聴覚障害者に利用してもらうためには，権利者の許諾が必要でした。そのため各情報提供施設で字幕が付いていない地方局番組に字幕等を付加するときは，権利者との窓口になっている東京の聴力障害者情報文化センターに依頼し，権利処理をしてもらう必要がありました。さらに，マスターテープを入手したあと字幕等付加作業を行いますので，聴覚障害者が利用できるのは放送されて早くて半年後，通常 1 年遅れてからでした。

　その後，聴覚障害当事者団体等の働きかけにより，2009 年に著作権法が改正され，これにより権利者の許諾なしでも放送番組に字幕等を付加して貸し出すことが可能になりました。しかし，無許諾で製作できても，新しく付け加えられた同法第 38 条の 5 で，貸し出すときは権利者への補償金支払が必要と付け加えられました。さらに，支払金額の問題や実際に支払うシステムがないために，法改正後も改正前と同じ状態が続いていました。

そのため，文化庁著作権課を交え権利者と協議を続け，2015年，NHKや民放局の番組に限り補償金なしで貸出が可能になりました。しかし，放送番組以外の映像については現在も未解決のままです。

とはいえ，全体として放送番組への字幕付加は進んできていますので，情報提供施設のビデオライブラリー事業の見直しは不可避です。

(3) ビデオライブラリー事業の見直しの方向

ビデオライブラリーの目的は，既製の映像への字幕等付加と貸出です。本来なら放送局等がすべきことの補完ですから，ビデオライブラリー事業は不必要だという考えも出てきています。ただ，現状ではそれは短絡的だと思われます。なぜなら，キー局や準キー局製作の番組では字幕放送が増えていますが，地方局製作の番組にはほとんど字幕はありませんし，公共施設等の映像資料や，教育現場での教材映像のほとんどに字幕等がないからです。

また，付加されている字幕が負担なく，聴覚障害者が読めるようになっているかということも大切な問題です。

既製映像のほとんどは聞こえる人向けに作られていて，映像を構成している画（動画）は目で享受し，音は耳で享受するようになっています。しかし，聴覚障害者は，音も字幕で見ますから，両方を目だけで享受します。その上，字幕の対象は台詞だけでなく背景音なども含みますので，それをすべて字幕化するとキャパシティをオーバーしてしまいます。大切なのは，映像丸ごとへのアクセスなので，負担なく読める字幕が必要です。つまり，字幕製作者が聴覚障害者の特性を理

解しているかどうかが大きく関係します。そこに情報提供施設が字幕製作するときのアドバンテージがあるでしょう。

　情報提供施設の映像製作は，自主製作映像のほうにシフトしています。それは聞こえる人向けの映像製作方法と異なり，たとえば複数の手話で話す人のトーク番組では，手話がわかる画面サイズにする，基本的に話者の交代までカメラの切り替えはしない，字幕付加のために画面下部をデッドスペースにする，など聴覚障害者特有の視点が求められます。

(4)　熊本情提センターの映像関係の取り組み

　熊本情提センターでも映像製作に積極的に取り組んできました。特に，月刊聴障ビデオマガジン『みるっく』は，1997年度から製作し始めて，2017年で20年になる息の長い取り組みです。その利用はビデオライブラリーのほか県内の視聴覚ライブラリー，聾学校，聴覚障害団体等に無料配布し，地元ケーブルテレビや障害者放送通信機構の「目で聴くテレビ」にも提供しています。製作にあたっては前述の聴覚障害者の視点を重要視しています。

　2007年には，マルチメディア企業とタイアップして，熊本聾学校の先生方と一緒にマルチメディア『手話ごんぎつね』を製作し，国際児童図書評議会（IBBY）障害児図書資料センターの2009年推薦図書に選ばれました。これは現在でも全国の聾学校の教材として使われています。2008年にはDVD『聴覚障害者の理解のために』を製作し，これも聴覚障害理解のテキストとして広く利用されています。さらに，2011年には熊本の方言手話を集めDVD8枚で構成する『熊本手話辞典DVD BOX』を製作しました。2016年に，県の南部で行われ

ている伝統行事「七夕綱（たなばたつな）」が国の選択無形民俗文化財に指定され，その中心メンバーが未就学ろう者であることがわかり，七夕綱を作るろう者と地域とのかかわりを追ったDVD『地域で生きるろう者』を製作し，聴覚障害者関係の映像祭「さがの映像祭」で大賞を受賞しました。

このような独自の映像製作はすでに1,000タイトルを超えていますが，それとともに熊本の地方局の番組にも数多く字幕を付加し，DVDとして利用してもらっています。字幕付加で特筆すべきことは，熊本県の広報番組の字幕製作です。これは放送後ではなく放送前のテープを受け取り，熊本情提センターが字幕を付加し，それが放送される形です。毎週の番組ですからコンスタントな製作力が求められますが，すでに20年以上の実績を持っています。

(5) 熊本地震での取り組み

2016年4月の熊本地震後の支援内容を紹介します。熊本情提センターは幸い電気系統や通信回線に支障がなかったので，平時も使っている情報メールシステムを活用し，避難所情報，炊き出し・給水情報，お風呂，開いている店舗，支援物資など多岐にわたる情報を毎日15件ほど送り続けました。これがSNSに広がり，聴覚障害者から大変喜ばれました。この情報源の多くは，臨時災害放送局となったコミュニティFM局の放送です。実はラジオ放送内容の視覚化は，熊本で数年前から研究課題でした。しかし，具体的な取り組みができないまま今回の地震に見舞われ，非常に悔やまれました。

聴覚障害者にとって，ラジオは中身がさっぱりわからないブラックボックスです。それゆえ放送内容を知りたいという

ニーズは出てきません。しかし，この地震を通じてラジオのバリアフリー化の必要性を強く感じました。これはポストビデオライブラリー事業として位置づけられるかもしれません。

また，2013年9月から日本財団電話リレーモデルプロジェクトに参画し，センターで電話リレーサービスを実施していますが，このシステムを活用して遠隔手話通訳サービスを行いました。遠隔手話通訳とはテレビ電話での手話通訳です。ただ，行政等の窓口にタブレットを設置する方法ではなく，聴覚障害者自身が通訳を必要とするとき，自分のスマートフォンやタブレットでセンター内の手話通訳者につないで通訳を受ける方法です。事前の依頼なしに，必要なときその場で手話通訳が利用できる便利なシステムとして喜ばれました。

(6) おわりに

当初ビデオライブラリー事業を中心に取り組んできた情報提供施設ですが，20数年を経る中でそれ以外の事業への重要性が増してきました。それは，意思疎通支援事業や相談事業，そして聞こえを補償するための事業などです。

この変化は，事業の横の広がりだけでなく，情報通信技術の活用を縦の軸としています。ビデオライブラリー事業では，パッケージメディアの貸出からインターネット上の映像利用，そして全国の情報提供施設を結んだ映像情報ネットワーク構築へと動いています。また，コミュニケーション支援事業でも，インターネットを使った支援者養成や手話通訳等の支援者派遣事業，前述した遠隔通訳も含んで進むと思われます。相談事業でも，テレビ電話での相談が一定の位置を占めていくでしょう。また，難聴者の聞こえを補償するシステムもデ

ジタル化によって使いやすくなり，音声認識の活用による文字化も確実に広がっていくでしょう。

　熊本地震での支援の取り組みを通じて，情報通信技術は聴覚障害者の情報収集とコミュニケーションに大いに役立つことを実感しました。遠隔手話通訳は，2018年度から熊本県の新しい事業として2年間行われることになりました。聴覚障害者のための新しい社会資源になり得るかどうかの実験的な事業です。

　情報提供施設は過渡期を迎えています。時代の変化に対応するために事業の再編・再構築が求められています。

コラム

伊藤忠記念財団　小さな財団の大きな挑戦

　公益財団法人伊藤忠記念財団は1974年の設立以来，子どもたちの読書環境整備を進めてまいりました。その一環として，2010年より，紙の本では読書が難しい子どもを対象に，児童書を電子化し（マルチメディアデイジー規格），全国の特別支援学校や公共図書館等に寄贈する事業を進めてきました。CDに収納した作品を「わいわい文庫」と名づけ，2017年5月の配布で348タイトルに達します。わいわい文庫は特別な再生アプリを必要としません。すぐに簡単に使えることも高く評価されています。

（1）　大きな成果を生む出版社との連携
　当財団は著作権法第37条第3項の文化庁長官指定団体ですが，毎年各協力出版社に製作の挨拶にうかがっています。

だんだんと信頼関係が深まり，最近では「今，この本が売れてます」「このお話が今度の教科書に載ります」など，出版社が製作する本を推薦してくれるようになりました。本のデータをご提供いただくことも多くなり，よりきれいで誤植のない作品を子どもたちの手元に届けられるようになりました。

(2)　「VER.BLUE」に願いをこめて

　私たちは，誰もが「わいわい文庫」に触れていただく機会を作ることが，障害者への理解につながると考えています。そこで財団が独自に企画，製作した作品を「VER.BLUE」と名づけ，青い盤面のCDに収めて配布しています。青は色弱の方に識別しやすい色といわれており，青色に誰でも楽しむことができる作品を提供しようという意味をこめています。具体的には，都道府県立図書館と共同で各地の民話を集めた作品や公益財団法人日本相撲協会，京都市観光局，国立研究開発法人宇宙航空研究開発機構（JAXA）などとともに，著作権の許諾を得て，誰もが使える作品を製作しています。これは，図書館が一般来館者に提供するほか，学校では，外国籍などのために，読書が困難な子どもが日本語を学ぶ教材としても活用されています。

(3)　新たなチャレンジ！百人一首

　2017年5月配布作品の中に，「小倉百人一首」があります。脳性麻痺があり，紙媒体では読みが難しい中学生の女の子からの希望で製作しました。歌の情景がわかりやすいように，10校の東京都立高校の美術部などがオリジナルの絵を提供し，詠みは都立特別支援学校に通う中・高等部の生徒が担当しました。全盲の中学生が点字をたどりながら一生懸命に読み上げる姿が特に印象に残りました。札のデータは任天堂株式会社が無償で提供，大勢の力を結集した作品となりました。障害の有無や立場にかかわらず，誰もが力を出し合い，みんなが住みやすい社会を構築していく，1つの例になったと考えています。

(4)　みんなで協力して製作しています（道連れ作戦展開中！）

　本事業はわずか2人の職員で運営しています。そのため十

分に目が行き届かず，校正作業は当財団が全国各地で主催する読書バリアフリー研究会の参加者に協力を募っています。これからはさまざまなジャンルの作品を製作し，子どもたちの興味・関心を広げることとともに，障害児の読書支援者の輪を広げることが喫緊の課題です。

　ある子ども読書支援団体の展示会で，私たちのブースに来た女性からは「まあかわいそうに，こんなものでお話を聞かされているの」との声を投げかけられました。おそらく障害のある子どもたちの読書環境をご存じないのでしょう。現在のテーマは「道連れ作戦」。1人でも多くの人の理解と協力を集めることを目指してまいります。

＊わいわい文庫は，図書館，学校等の団体に限り，無償で差し上げています。お申し込み，お問い合わせは下記へお願いします。
　伊藤忠記念財団電子図書普及事業部
　Tel 03（3497）2652

注

1) 図書館法に基づく図書館ではなく，身体障害者福祉法に基づき設置された身体障害者社会参加支援施設の一種。所轄庁は厚生労働省。
2) 本文中の数値は，2017年度の実績数。

11章 関連する法規，制度

11.1 障害者の権利に関する条約，障害者差別解消法

　「障害者の権利に関する条約」（「障害者権利条約」）は，あらゆる人権および基本的自由をすべての障害者に事実上平等に保障し，障害者の固有の尊厳の尊重を促進することを目的とする国際人権条約です。2006年の国連総会において採択され，2008年に発効しました。日本は，「障害者基本法」の改正（2011年，以下，この改正法を「改正障害者基本法」という），「障害者の日常生活及び社会生活を総合的に支援するための法律」（「障害者総合支援法」）の成立（2012年6月），「障害者の雇用の促進等に関する法律」（「障害者雇用促進法」）の改正（2013年），「障害を理由とする差別の解消の推進に関する法律」（「障害者差別解消法」）の成立（2013年）などの諸制度の改革を行った上で，2014年に条約を批准し140番目の締約国になりました。

　障害者差別解消法は，改正障害者基本法にある差別の禁止の基本原則を具体化するものです。この法律は，障害の有無によって分け隔てられることなく，相互に人格と個性を尊重し合いながら共生する社会の実現に向け，障害者差別の解消を推進することを目的としています。障害者差別解消法を理解するためには，制定の経緯から，障害者権利条約，改正障害者基本法，そして，政府が施策の総合的かつ一体的な実施

に関する基本的な考え方を示すために，閣議決定によって策定した「障害を理由とする差別の解消の推進に関する基本方針」（以下，「基本方針」）を必要に応じて参照する必要があります。

(1) 「障害者」とは

障害者権利条約は，保障の対象となる「障害者」を定義していませんが，障害が発展する概念であること，また，機能障害を有する者が，これらの者に対する態度および環境による障壁との間の相互作用によって平等に社会に参加することを妨げられている状態であることが障害である，という社会モデルに基づいた概念を示しています。それを受けて，改正障害者基本法や障害者差別解消法は，次のように社会モデルの概念に基づいて「障害者」を定義しています。

　　身体障害，知的障害，精神障害（発達障害を含む。）その他の心身の機能の障害（以下「障害」と総称する。）がある者であつて，障害及び社会的障壁により継続的に日常生活又は社会生活に相当な制限を受ける状態にあるものをいう。

　身体障害，知的障害などの機能障害があるというだけで，「障害者」と定義されるのではなく，その機能障害のある人が，社会的障壁と相対することで困難が生じ，上に定義される「障害者」になります。社会的障壁に相対する機能障害についても，「身体障害，知的障害，精神障害（発達障害を含む。）その他の心身の機能の障害」と障害を幅広く包含できるよう定義しています。当然，障害者手帳所持者に限定されるものではあ

りません。

　障害者を，日常生活だけでなく社会生活に制限を受ける状態にあるものと定義している点も重要です。自立した日常生活を辛うじて送ることができても，社会的障壁により社会参加に制限を受けている人は，障害者差別解消法が対象とする障害者に含まれます。

(2)　障害に基づく差別と障害を理由とする差別

　障害者権利条約は第2条（定義）において，締約国に禁止，撤廃を求める「障害に基づく差別」を次のように定義しています。

> 障害に基づくあらゆる区別，排除又は制限であって，政治的，経済的，社会的，文化的，市民的その他のあらゆる分野において，他の者との平等を基礎として全ての人権及び基本的自由を認識し，享有し，又は行使することを害し，又は妨げる目的又は効果を有するものをいう。障害に基づく差別には，あらゆる形態の差別（合理的配慮の否定を含む。）を含む。

　「障害に基づく差別」の範囲を「政治的，経済的，社会的，文化的，市民的その他のあらゆる分野において」とすることで，この条約が目的とする差別の解消が日常生活の自立を保障するだけでなく，あらゆる分野における社会参加を保障することを目的としていることが明示されています。そして，意図的な差別だけではなく，意図がなくても結果として差別の効果が生じるものも差別に含むとしています。さらに重要

なことは、「合理的配慮の否定」が差別に含まれると明示的に定義していることです。合理的配慮が漸進的に達成されるべき提供義務としてではなく、それを提供しないことが障害者の権利を侵害する行為であり、その状態が即座に撤廃、禁止されるべき行為と定義されたことを意味します。

障害者差別解消法は、「障害に基づく差別」または法律名にある「障害を理由とする差別」を定義していません。しかし、障害者権利条約で定義された「障害に基づく差別」の趣旨を踏まえ、障害者差別解消法は、第7条と第8条において、「障害を理由とする差別の禁止」という条項を設け、「障害を理由とする差別」を不当な差別的取扱いと合理的配慮の否定に分けて整理し、行政機関等や事業者に対して障害を理由とする差別を解消するための措置等を義務づけています。

(3)　障害者差別解消法の三本柱

障害者差別解消法が障害者の権利の保障と実質的平等を確保するために、対象となる機関に義務づけているものが次の3つの措置です。

　ア　不当な差別的取扱いの禁止（第7条第1項, 第8条第1項）
　イ　合理的配慮の提供（第7条第2項, 第8条第2項）
　ウ　環境の整備（事前的改善措置）（第5条）

障害者差別解消法では、「行政機関等」（国の行政機関、独立行政法人等、地方公共団体など）と「事業者」（商業その他の事業を行う者。目的の営利・非営利、個人・法人の別を問わず、同種の行為を反復継続する意思をもって行う者）に対してそれぞれ次の表のとおり義務づけています。

表　義務や努力義務とされた措置

	行政機関等	事業者
不当な差別的取扱いの禁止	義務	義務
合理的配慮の提供	義務	努力義務
環境の整備（事前的改善措置）	努力義務	努力義務

　図書館は，障害者差別解消法において館種ごとに次のように「行政機関等」と「事業者」に区分されます。
行政機関等：公立図書館，国立大学図書館，公立大学図書館
事業者：私立大学図書館
　専門図書館は，設置主体が行政機関等か事業者に区分されるかで区別されます。

（4）　不当な差別的取扱い

　障害者差別解消法は「不当な差別的取扱い」を定義していませんが，基本方針は次のように説明しています。

　障害者に対して，正当な理由なく，障害を理由として，財・サービスや各種機会の提供を拒否する又は提供に当たって場所・時間帯などを制限する，障害者でない者に対しては付さない条件を付けることなどにより，障害者の権利利益を侵害すること

　障害者差別解消法は，第7条第1項（行政機関等に対する措置）および第8条第1項（事業者に対する措置）において，「障害を理由として障害者でない者と不当な差別的取扱いをする

ことにより，障害者の権利利益を侵害してはならない」と規定し，不当な差別的取扱いを障害者の権利利益を侵害する行為として禁止事項にしているため，不当な差別的取扱いが生じた場合には，速やかに解消することが行政機関等および事業者ともに義務づけられていることが重要です。

(5) 合理的配慮の提供

合理的配慮は，国際人権条約としては障害者権利条約で初めて導入された概念で，第2条（定義）で次のように定義しています。

障害者が他の者との平等を基礎として全ての人権及び基本的自由を享有し，又は行使することを確保するための必要かつ適当な変更及び調整であって，特定の場合において必要とされるものであり，かつ，均衡を失した又は過度の負担を課さないものをいう。

「他の者との平等を基礎として」という言葉に示されているように，合理的配慮の概念の導入は，障害者のための新たな権利の創設を意図したものではなく，他のものと平等に障害者が権利を行使または享有することを実質的に保障することを意図するものです。「障害に基づく差別」の定義に「合理的配慮の否定を含む」としたところにもそれが表れています。

「特定の場合において必要とされるもの」という言葉が示すように，不特定多数の障害者に対して，一律に特別なサービスを提供することを求めるものではなく，障害者の置かれている個別具体的な状況において必要に応じて提供されるも

のとされ，その行為の範囲は，「必要かつ適当な変更及び調整」「均衡を失した又は過度の負担を課さないもの」という言葉が示すとおり，その特定の状況下において行う「変更」(modification)，「調整」(adjustments) の範囲で収まる行為とされています。

　この合理的配慮の概念が，国内法においては，改正障害者基本法で初めて導入されました。そして，改正障害者基本法第4条の差別の禁止規定を具体化した障害者差別解消法では，行政機関等に対しては義務として，事業者に対しては努力義務として，合理的配慮の提供が求められるようになりました。障害者差別解消法は，行政機関等を対象とする第7条第2項で，次のように合理的配慮の提供義務を規定しています。事業者を対象とする第8条第2項は，合理的配慮の提供が努力義務になっている点を除けば，ほぼ同じ規定になっています。

　　行政機関等は，その事務又は事業を行うに当たり，障害者から現に社会的障壁の除去を必要としている旨の意思の表明があった場合において，その実施に伴う負担が過重でないときは，障害者の権利利益を侵害することとならないよう，当該障害者の性別，年齢及び障害の状態に応じて，社会的障壁の除去の実施について必要かつ合理的な配慮をしなければならない。

　障害者権利条約の「障害に基づく差別」および「合理的配慮」の定義を踏まえたものになっており，過度な負担ではない場合に合理的配慮を提供しないことが，障害者の権利権益

を侵害する行為であると規定しています。

　障害の特性は人によって大きく異なり，また，状況によって求められる対応も大きく異なるため，不特定多数を対象とした基準やサービスだけではすべての状況に対応することは困難です。そこで，障害者が現に置かれている個々の状況を踏まえ，必要に応じた合理的配慮を提供することで，社会的障壁を除去することが求められます。

　なお，基本方針に「事務・事業の目的・内容・機能に照らし，必要とされる範囲で本来の業務に付随するものに限られること，障害者でない者との比較において同等の機会の提供を受けるためのものであること，事務・事業の目的・内容・機能の本質的な変更には及ばないことに留意する必要がある」とあるように，図書館における合理的配慮は，図書館事業の目的を果たすために提供するものに限られます。図書館事業の目的・内容・機能の本質的な変更には及ばないものであることに留意する必要があります。

(6)　環境の整備（事前的改善措置）

　障害者権利条約では，「調整又は特別な設計を必要とすることなく，最大限可能な範囲で全ての人が使用することのできる製品，環境，計画及びサービスの設計」と定義される「ユニバーサルデザイン」がキーワードの１つになっています。ユニバーサルデザインの追求がなされることによって，合理的配慮で対応する必要がある範囲を最小限にするため，ユニバーサルデザインの促進を締約国に求めています。

　障害者差別解消法は，ユニバーサルデザインの促進に近い趣旨のものとして，障害者が個別に合理的配慮の提供を求め

る必要がないように，不特定多数の障害者が利用しやすい環境をあらかじめ整備することを第5条において求めています。環境の整備（事前的改善措置）には，施設におけるバリアフリー化や情報の取得・利用・発信におけるアクセシビリティ向上などのほか，職員に対する研修などソフト面の対応も含まれています。一朝一夕にできることでなく，また，技術の進展によって状況も変わりうることから，努力義務とされていますが，基本方針にあるように，合理的配慮を必要とする場面が多数存在しうる場合は，その都度，合理的配慮を提供するのではなく，環境を改善して，根本から解決していくことが重要です。

　合理的配慮は，あくまで個々の障害者が直面する個別で具体的な社会的障壁を除去するものであり，不特定多数の障害者の社会的障壁を除去するものではありません。障害者が利用しやすい環境の整備が進めば，障害者は個別に合理的配慮の提供を要求する必要がなくなります。また，環境が整えられれば，これまでは過重な負担であるために提供できなかった配慮が，合理的配慮として提供できるようにもなります。環境の整備（事前的改善措置）と合理的配慮の提供はセットで考えるべきものであり，どちらか一方を行えばよいというものではなく，相互に補完し合う関係といえます。

(7)　図書館サービスと障害者権利条約，障害者差別解消法

　障害者権利条約や障害者差別解消法は，合理的配慮の提供など障害のある利用者に対して図書館にさまざまなことを求めています。しかし，これらは図書館に対して新たな義務を発生させると考えるべきではなく，ましてや，これらの施行

をめぐり，障害のある利用者と図書館が対立関係にあると考えるべきではありません。

　図書館の障害者サービスは，本書で繰り返し述べられているとおり，「すべての人にすべての資料とサービスを提供する」という図書館の使命に基づき，図書館利用に障害がある人に対してその障害を除去するサービスです。

　図書館利用における障害は，図書館利用における社会的障壁と言い換えることができます。図書館の障害者サービスは，障害者差別解消法で定義されるところの「障害者」に限定されるものではありませんが，図書館利用における社会的障壁の除去を目的とする点では，障害者差別解消法が求めていることとまったく同じです。障害者差別解消法は，図書館における障害者サービスを法的に裏づけるものであり，図書館の障害者サービスの取り組みが，障害を理由とする差別の解消を目指す上で社会における範を示すことになります。

　基本方針では，「建設的対話」が1つのキーワードになっています。図書館の置かれている状況によっては，障害者の要望をそのまますぐに実現することが難しいことも考えられます。しかし，障害者も，図書館は何ができ，何ができないかを十分に理解した上で要望をするとは限りません。その要望に応えることができないからといって，できないと回答して済ませてしまうのではなく，環境の整備（事前的改善措置）に関する要望であれば，合理的配慮を提供することで対応できないか，合理的配慮の提供に関する要望であれば，別の配慮を提供することで対応できないか等，代替措置の検討を含めて，障害者と図書館双方が建設的な対話を重ねて，その障害者が抱える本質的な困難を理解した上で，柔軟に対応するこ

とが求められます。

11.2 日本図書館協会障害者差別解消法ガイドライン

　日本図書館協会が2016年に策定した「図書館における障害を理由とする差別の解消の推進に関するガイドライン」は，障害者差別解消法を踏まえて，図書館で取り組むべき具体的対応をまとめたものです。

　主な内容（目次）は次のとおりです。

1　基本事項
　（1）　ガイドラインの目的
　（2）　ガイドラインの構成
　（3）　ガイドラインの更新
　（4）　対象となる図書館
　（5）　対象となる障害者
　（6）　対象となる業務，サービス
2　障害を理由とする差別と図書館に求められる対応
　（1）　障害を理由とする差別とは
　（2）　社会的障壁を除去するための合理的配慮と基礎的環境整備
　（3）　差別解消法の考え方と障害者サービスとの関係
　（4）　図書館における具体的取組み
3　不当な差別的取扱いの禁止
　（1）　不当な差別的取扱いの禁止と合理的配慮の提供
　（2）　図書館における不当な差別的取扱いの例
　（3）　図書館における不当な差別的取扱いにあたらないも

　また，図書館職員へのさらなる普及を図るために，寄せられた意見等も踏まえ，「JLA 障害者差別解消法ガイドラインを活用した図書館サービスのチェックリスト」「図書館における障害を理由とする差別の解消の推進に関するガイドライ

ン Q&A」も作成しました。いずれも障害者サービス委員会
ホームページで公開しています。

　必要に応じて改定も考えていきます。ぜひご活用ください。

11.3 著作権法

(1)　どういう場合に著作権が働くのか

　著作権は，小説や論文，絵画，写真，音楽，映画などの「著
作物」に対して働きます。障害者サービスでは，これらの著
作物を利用者に向けて読み上げたり，貸出したり，障害者サ
ービス用資料として製作したりしますが，それぞれ「口述権」
「貸与権」「複製権」が働きます。

　また，対面朗読や障害者サービス用資料の製作の場合，「同
一性保持権」との関係に注意が必要です。原本に忠実に読ま
ないと，著作物を無断で改変することを禁じる同一性保持権
の侵害にあたる恐れがあるためです。このため，製作するに
あたっては，図表の読み原稿などを正確に作成する必要があ
ります。

(2)　許諾を得なくてよい場合

　著作権が働く場合には，著作権を持つ人（著作権者）から許
諾を得る必要があります。ただ，著作権がすべての場合に働
くとすると，かえって文化の発展に寄与するという著作権法
（以下，「法」）の目的から離れてしまう恐れがあります。この
ため，次の4つの場合には，著作権者から許諾を得なくても
よいこととなっています。

　ア　権利制限規定が適用できる場合

イ　自由利用を認める表示があるものを使う場合

ウ　使うものの著作権の保護期間が満了している場合

エ　著作権の対象となっていないものを使う場合

　以上をまとめますと，次の図に示した順番で検討していくと，許諾を得る必要があるかどうかを効率的に判断することができることになります。

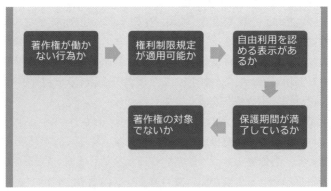

図　許諾を得る必要があるかの判断チャート

(3)　個別のサービスと著作権との関係

①　点字資料の製作・送信

　点字資料の製作や送信については，法第37条第1項・2項により，ほぼ何の制約もなく，自由に行うことができることとされています。このため，公表された著作物を使うのであれば，誰が行っても，営利目的を含めてどんな目的でも，誰に渡しても，電子メールやインターネットでの送信，電子媒体に記録しての配布といった手段を使ってもよい，ということになります。

② デイジーや拡大文字資料などの製作・送信

デイジーや拡大文字資料など，点字資料以外の視覚障害者等用資料の製作や送信については，法第 37 条第 3 項において定められています。そこでは点字資料の場合とは異なり，さまざまな条件が掲げられています。

ア　提供対象者

提供対象者が，「視覚障害その他の障害により視覚による表現の認識が困難な者」に限定されています[1]。具体的には，「図書館の障害者サービスにおける著作権法第 37 条第 3 項に基づく著作物の複製等に関するガイドライン」（障害者サービス著作権ガイドライン）の第 4 項で定められています。

イ　製作などを行うことができる団体

点字資料の場合とは異なり，製作などを行うことができる団体が限定されています。具体的には，著作権法施行令第 2 条において，

（A）　視聴覚障害者情報提供施設

（B）　公共・大学・学校・国立国会図書館

（C）　提供対象者のための事業を行う社会福祉施設

が定められています。

ボランティア団体など，これらに当てはまらない団体については，

a）　文化庁長官の指定を受ける

b）　（A）から（C）までの団体の意思に基づきこれらの者の代わりに製作などを行う

c）　法第 30 条第 1 項の規定によって，提供対象者本人が行う私的使用のための複製について，その手足として行う

のいずれかの場合には，許諾を得ないで製作などを行うことができることとされています。

なお，2018年の著作権法施行令の一部改正により，個別の指定を受けなくても一定の類型についてはこの団体に含まれることになりましたので，その類型に該当するボランティア団体についても含まれるようになります[2]。

また，従来から，大学の障害学生支援室が対象に含まれるかが問題になっていますが，「大学図書館のように図書等の資料を備え置いて，学生に資料の貸出等の情報提供を行う機能を担う施設」であれば含まれるのではないか，との解釈が文化庁から示されています[3]。

　ウ　製作することができる資料の種類

法第37条第3項では，「文字を音声にすることその他当該視覚障害者等が利用するために必要な方式」と定められています。具体的には，「障害者サービス著作権ガイドライン」の第6項で定められています。

ただし，同じ著作物が同じ形式で流通している場合には，対象からはずれますので，注意が必要です（同項ただし書）。確認方法については，「障害者サービス著作権ガイドライン」の第9項で定められています。

　エ　行うことができること

法第37条第3項では，「複製し，又は公衆送信を行うことができる」と定められています。すなわち，

（A）　媒体への固定（拡大図書や大活字本などの製作，録音，テキストデータの入力など）

（B）　画像データや音声データ，テキストデータのウェブサイト上や電子メールによる送信[4]

の 2 つを行うことができます。また(A)の図書やデータをアの提供対象者に貸出したり（法第 38 条第 4 項），CD-R や USB メモリなどの電子媒体に収納して譲渡したり（法第 47 条の 10）することができます。

③　拡大教科書などの製作

②とは異なり，拡大教科書などの製作は，誰でも行うことができます。また，市販していても製作することができます。他方，教科書の全部または相当部分を複製する場合には，教科書会社への事前通知が必要となり，また，営利目的で販売しようとする場合には，補償金を支払わなければなりません（法第 33 条の 2）。なお，拡大教科書を作成する場合でも，法第 37 条第 3 項を適用することができます。

④　対面朗読

対面朗読のような，不特定の人に対して著作物を朗読する行為は，著作権法上「口述」という行為に当たり，「口述権」（法第 24 条）が働きます。ただ，営利を目的とせず，聴衆から料金を取らない場合には，許諾を得る必要がありません（法第 38 条第 1 項）。このため，対面朗読については，許諾を得なくても行うことができます。なお，対面朗読を行う人に報酬を支払うと，この法第 38 条第 1 項が適用できなくなります（同項ただし書）。ただ，この「報酬」については，交通費などの実費の支払いは含まれないと解釈されています。また，対面朗読者が資料の検索・調査・図の説明などの「朗読以外の業務」も行っている場合も，報酬が朗読の対価だけとはいえないと思います。対面朗読者に金銭を支払う場合には，これ

らのことについても念頭に置いてください。

⑤　手話・字幕付き映像資料の製作

　手話や字幕付き映像資料の製作については，法第37条の2第2号で定められています。ただ，②の場合とは異なり，もっぱら聴覚障害者などの聴覚による表現の認識に障害のある者の貸出用の製作に限定されていること，かつ，その貸出の場合に補償金の支払いが必要とされている（法第38条第5項）ことから，②の場合のようなガイドラインが策定されておらず，実際にはあまり使われていないのではないかと思われます。

　なお，同条第1号では，②の場合と同じく，音声を文字や字幕にし，それを複製・送信することが認められていますが，聴覚障害者情報提供施設などが対象とされているだけで，図書館は対象とされていません。

(4)　自由利用を認める表示があるものを使う場合

　著作権法では，著作権者が著作物の利用を許諾することができる旨を定めています（法第63条第1項）。このことから，著作権者が，一定の要件の下で自由利用を認める表示を付けていることがあります。このような表示があるものについては，その要件を満たせば，改めて許諾を得る必要はありません。このような表示には，たとえば，文化庁が制定した「自由利用マーク」，民間の団体が制定した「EYEマーク」や「クリエイティブ・コモンズ・ライセンス」などがあります。ただし，法第37条第3項が2009年に改正されてからは，あまり使われていません。

図　自由利用を認める表示の例

(5)　使うものの著作権の保護期間が満了している場合

　著作権は永久に保護されるわけではなく，一定期間（保護期間）が満了すると，自由に利用できるようになります。原則的には著作者の死後 70 年で満了します。団体の名義のものや名前がついていなかったり有名でないペンネームなどで公表されていたりするものは公表後 70 年，映画の著作物も公表後 70 年となっています[5]。死亡・公表の翌年の 1 月 1 日から算定します。

(6)　著作権の対象となっていないものを使う場合

　その他，使う著作物が法令や通達，裁判所の判決などであったり（法第 13 条），そもそも著作物でない場合には，許諾を得る必要がありませんが，おそらくほとんど当てはまること

はないと思います。

11.4 障害者サービス著作権ガイドライン

(1) 「障害者サービス著作権ガイドライン」とは

　2009年の著作権法の改正の際，視覚障害者等へのサービスに大きく関係する著作権法（以下，「法」）第37条第3項が全面的に改正されました。正式名称を「図書館の障害者サービスにおける著作権法第37条第3項に基づく著作物の複製等に関するガイドライン」というこのガイドラインは，この改正法が翌2010年1月1日に施行されるにあたり，図書館における同項に基づく障害者サービスを行う際の指針を示すことを目的として，同年2月18日に策定されました。

　このガイドラインの策定は，図書館における著作物の利用に関して協議するために2004年5月に立ち上げられた，「図書館における著作物の利用に関する当事者協議会」を構成する5つの権利者団体（学術著作権協会，日本映像ソフト協会，日本書籍出版協会，日本著作出版権管理システム[6]，日本複写権センター）の理解の下，同協議会を構成する5つの図書館団体（国公私立大学図書館協力委員会，全国学校図書館協議会，全国公共図書館協議会，専門図書館協議会，日本図書館協会）によって行われました。このため，このガイドラインの定めに従って同項に基づく障害者サービスを行えば，著作権上の問題はまず起こらないと思われます。

　なお，このガイドラインは，日本図書館協会ウェブサイト内（https://www.jla.or.jp/library/gudeline/tabid/865/Default.aspx）に掲載されています。

196

(2)　ガイドラインの構成

　このガイドラインは 10 の条項と 3 つの別表から構成されています。最初の 2 項は，(1)で述べたような，このガイドラインの目的と経緯が記されています。3 項にはこのガイドラインの適用対象となる図書館の範囲が，4 項と 5 項には法第 37 条第 3 項に基づいて製作した視覚障害者等用資料の提供対象者の範囲が，6 項には図書館が製作できる資料の種類が，7 項には製作した資料の相互貸借を積極的に行うことと円滑な実施のための体制整備を行うことが，8 項には製作した資料の質の向上のために行うべき取り組みが，9 項には法第 37 条第 3 項ただし書により製作や送信の対象外となる資料かどうかの確認手段が，10 項にはこのガイドラインの見直しに関する事項が，それぞれ定められています。

　このうち，法第 37 条第 3 項に基づく障害者サービスの実施に直接関係があるのは，3 項から 6 項までと 9 項の 4 つの条項になります。このため，以下ではこれら 4 項目につき，詳しく説明することとします。

(3)　ガイドラインの適用対象となる図書館の範囲（3項）

　ガイドラインの 3 項では，「図書館とは，著作権法施行令第 2 条第 1 項各号に定める図書館をいう」と定められています。すなわち，「大学等の図書館及びこれに類する施設」（同項 1 号ロ），「国立国会図書館」（同号ハ），「図書館法第 2 条第 1 項の図書館（司書等が置かれているものに限る。）」（同号ホ），「学校図書館法第 2 条の学校図書館」（同号ヘ）の 4 館種が該当します。

(4) 提供対象者の範囲（4項）

ガイドラインの4項では，法第37条第3項により製作された資料（視覚障害者等用資料）を図書館が提供できる対象者の範囲について，「別表1に例示する状態にあって，視覚著作物をそのままの方式では利用することが困難な者をいう」と定めています。別表1には11の状態（視覚障害，聴覚障害，肢体不自由，精神障害，知的障害，内部障害，発達障害，学習障害，いわゆる「寝たきり」の状態，一過性の障害，入院患者）と「その他図書館が認めた障害」が定められています。11の状態からは，視覚障害者ではなくても，文字や活字，絵画や写真のような「視覚著作物」をそのままの状態で利用することが困難な状態であれば，視覚障害者等用資料の利用を認める，ということがわかります。

なお，2009年の法改正の時点での法第37条第3項では，提供対象者を「視覚による表現の認識に障害のある者」と規定し，肢体不自由やいわゆる「寝たきり」の状態の人や入院患者を対象者に含めていませんでした。ところが，日本文藝家協会と日本図書館協会との間で締結されていた「障害者用音訳資料の一括許諾システム」協定にある「障害者用音訳資料利用ガイドライン」において，すでにこれらの人が対象に含まれていました。そこで，障害者サービス著作権ガイドラインでは当初から，これらの人をその対象としました。2018年の法改正において，これらの人を加えることになったため，法律とガイドラインとの差が解消されました。

(5) 登録手続（5項）

ガイドラインの5項では，(4)に当てはまる者が視覚障害

198

者等用資料を利用しようとする場合には，一般の利用者登録とは別の登録を行うことを求めた上で，登録手続を定めています。すなわち，別表2に掲げる「利用登録確認項目リスト」を用いて，(4)に当てはまる者かどうかを確認することとしています。

　このリストでは，身体障害者に支給される「身体障害者手帳」のほかに，精神障害者に支給される「精神保健福祉手帳」，知的障害者に支給される「療育手帳」の所持をまず掲げています。ただ，このほかにも，医療機関や医療従事者からの証明書，福祉窓口や学校・教師，職場からの障害の状態を示す文書の提示，利用者が受けている障害サポート状況の確認，利用者と対面しての障害状況の確認といった，幅広い確認方法が認められています。このことは，別表1に「その他図書館が認めた障害」が障害種として掲げられているのと相まって，提供対象者の認定については，図書館の裁量に委ねられていることを示すものと考えられます。

(6)　図書館が製作できる資料の種類（6項）

　ガイドラインの6項では，図書館が製作できる資料の種類について，「次に掲げる方式等，視覚障害者等が利用しようとする当該視覚著作物にアクセスすることを保障する方式をいう」とした上で，「録音，拡大文字，テキストデータ，マルチメディアデイジー，布の絵本，触図・触地図，ピクトグラム，リライト（録音に伴うもの，拡大に伴うもの），各種コード化（SPコードなど），映像資料のサウンドを映像の音声解説とともに録音すること等」と，幅広い方式を例示しています。あくまで例示ですので，これらの方式以外に「視覚障害者等が利用

するために必要な方式」（法第37条第3項）として，より適切
な方式があるのであれば，その方式により製作することがで
きます。

(7) 法第37条第3項ただし書関係その1：同一の視覚障害者等用資料と評価されないもの（9項1号）

　法第37条第3項では，視覚障害者等用資料として市販等
されているものがある場合には，同項が適用されないとして
います。そのことを受け，ガイドライン9項では，このため
の判断基準と確認方法が定められています。まず1号では，
そもそもこの法第37条第3項ただし書に当てはまらない形
態のものとして，次の4つを掲げています。

　ア　当該視覚著作物の一部分を提供するもの
　イ　録音資料において，朗読する者が演劇のように読んだ
　　り，個々の独特の表現方法で読んでいるもの
　ウ　利用者の要求がデイジー形式の場合，それ以外の方式
　　によるもの
　エ　インターネットのみでの販売などで，視覚障害者等が
　　入手しにくい状態にあるもの（ただし，当面の間に限る。
　　また，図書館が入手し障害者等に提供できるものはこの限りで
　　ない。）

　アとイは文芸作品のオーディオCDとして，一般向けに販
売されているものに見られる特徴を挙げたものです。視覚障
害者等用資料は，これらのものとは異なり，文字で書かれた
ものを忠実に音声化し，中に含まれた図表などについても説
明しますので，明確に異なるものです。このため，これらを
除外しています。ウは，利用者のニーズがデイジー形式のも

のであるならば，その形式以外のもの，たとえばテープ形式のものが販売されていても，製作を認めるというものです。エは，視覚障害者等にとってインターネットからのダウンロードが難しい現状を踏まえたものです。このため，このような状況でなくなった場合には，除外対象から外れることになります。

(8) 法第37条第3項ただし書関係その2：市販資料の存在の確認方法（9項2号・3号）

　これから視覚障害者等用資料を製作しようとする視覚著作物につき，市販資料があるのかを網羅的に確認することは現実的ではありません。そこでガイドライン9項2号では，この確認について，別表3に掲げる出版社のウェブサイトの確認か，出版状況の電話照会か，「サピエ図書館」での検索を行えば足りることとしています。なお，すでに販売されているものだけでなく，販売前ではあるものの販売予告の提示から予定販売日が1か月以内までのものも含みます。ただ，予定販売日を1か月越えても販売されない場合には，図書館は製作を開始することができるとされています（ガイドライン9項3号）。

　これらの確認の結果，市販資料がないことがわかれば，基本的に製作やその後のインターネット配信などを開始しても差し支えないことになります。

(9) 法第37条第3項ただし書関係その3：製作開始後に販売情報が出された場合（9項4号）

　視覚障害者等用資料の製作を開始する前に(8)の確認をし

た時点では，販売情報が出ていなかったので製作を開始した
ところ，その後販売情報が出された場合の扱いについて定め
られています。この場合には，製作を継続したり，製作した
視覚障害者等用資料を(4)の提供対象者に貸出したり，ダビ
ングして交付したりすることが可能です。ただし，インター
ネット配信については，中止する必要があることとされてい
ます。

11.5 郵便制度，サービス

(1) はじめに

郵送貸出サービスは，心身に障害があったり，家族の介護
で図書館へ行く余裕がない，図書館から離れた地域に住んで
いるために来館が困難といった条件のある利用者へ，資料を
届けるサービス方法の1つです。このサービスを実施するた
めには郵便関連法規をよく知り，有効に活用することが不可
欠です。

(2) 郵便制度の変更と郵送貸出

郵便事業については，2002年に事業主体が総務省から日本
郵政公社に移りました。2006年4月には郵政民営化法の施
行に伴い日本郵政公社は解散し，事業は郵便事業株式会社に
移り，民営化されました。さらに2012年10月には郵便事業
株式会社が郵便局株式会社に吸収合併され，新たに発足した
日本郵便株式会社（以下，「日本郵便」）となりました。

民営化とともに，2007年には，郵便法第16条（郵便物の種
類）から「小包郵便物」が削除され，郵便の業務は従来の通常

郵便物に限られることになりました。そして小包郵便物に相当する業務は「荷物」扱いとなり，「ゆうメール」（民間では「メール便」）および「ゆうパック」（民間では「宅配便」）等の名称に変更され，国土交通省所管の貨物自動車運送事業法の下で運用されることになりました。

このように事業主体や法律制度が変遷する中で，図書館の障害者サービス関連の制度も変更されました。

(3) 図書館の郵送貸出の種類

現在，公共図書館において実施している郵送貸出は，①点字図書の郵送貸出，②視覚障害者用録音図書の郵送貸出，③聴覚障害者向け字幕付きビデオ・DVD の郵送貸出，④重度心身障害者向け図書・雑誌の郵送貸出などがあります。これまでは，このすべてについて郵便規則で料金等の詳細が規定されていました（郵便規則は 2003 年 4 月 1 日付けで廃止されました）。

その後，「日本郵政公社郵便約款」を経て，民営化された 2007 年以降は，日本郵便の「内国郵便約款」「ゆうパック約款」「ゆうパケット約款」などに分割されて運用されています。

ちなみに，「内国郵便約款」により規定されるものとしては，点字図書の郵送，特定録音物等の郵送などがあります。

また「ゆうパック約款」により規定されるものとしては，「ゆうパック」（通称：一般ゆうパック，旧称：一般小包郵便物），「聴覚障害者用ゆうパック」（旧称：聴覚障害者用小包郵便物），「点字ゆうパック」（旧称：点字小包郵便物）などがあります。

さらに「ゆうパケット約款」により規定されているものとしては，「ゆうパケット」（旧称：簡易小包郵便物），「ゆうメー

ル」（旧称：冊子小包郵便物），「心身障害者用ゆうメール」（旧
称：心身障害者用冊子小包郵便物）などがあります。

(4)　点字郵便物の無料制度（第四種郵便物）

　1961 年から開始された制度で，内容が点字のみの郵便物で
あれば，中が少し見えるように袋の上部を開けておくことと，
所定の位置に「点字用郵便」と記載することで第四種郵便物
の点字郵便物として扱われ，視覚障害者に限らず，日本国内
であれば，図書館からの発受はもとより，誰でも，誰あてで
も無料で送ることができます（内国郵便約款第 8 条，第 37 条第
1 項，同条第 3 項）。ただし，一度に送れる重さに制限があり，
3kg を超えることはできません。また「点字用郵便」の記載
がないと，通常の郵便物扱いとして有料になるので注意が必
要です。

　なお，この点字資料には，点字図書に限らず，市販の絵本
に点字シールを貼った「点訳絵本」や点字と墨字の両方で印
刷されたものなど，主に視覚障害者が利用することが想定さ
れるものも含まれます。

(5)　特定録音物の無料制度（第四種郵便物）

　盲人[7]用の録音物で，点字図書館等の盲人の福祉を増進す
ることを目的とする施設から差し出し，またはこれらの施設
にあてて差し出されるもの（「特定録音物等郵便物」という）で，
開封されたものは第四種郵便物として無料で送付することが
できます（郵便法第 27 条第 3 項，内国郵便約款第 33 条(3)）。た
だし，送付に際しては重量制限があり，点字郵便物と同様に
3kg 以内とされています（内国郵便約款第 8 条）。

また特定録音物等郵便物の発送にあたっては，盲人用郵便であることを示す表示とその図書館名・所在地を明示して，図書館への配達を受け持つ事業所（郵便局）等の指定された事業所に差し出さなければなりません。返送時にも盲人用郵便であることを明記する必要があります（内国郵便約款第36条，第37条）。また，現在では「点字用郵便」と記入してもよいことになっています。万一表示がない場合には，特定録音物等郵便物でないものとして扱われ無料とはなりません。

　特定録音物等発受施設の指定を受けるには，日本郵便に所定の書式により「特定録音物等発受施設指定申請書」を提出しなければなりません。公共図書館の場合は，その図書館の設置条例や具体的なサービスの根拠規定，盲人の福祉を増進することを目的とした施設であることを証明する書類を添付する必要があります。

　なお，「特定録音物」の中には，いわゆる録音図書のほか，市販のテープやCD，点字データの入ったディスクなども含まれますが，この制度はあくまでも「盲人（今でいう，視覚障害者）」のみが対象であるため，その他の障害者等に対しては適用されないので注意が必要です。

(6) 聴覚障害者用ゆうパック

　聴覚障害者用ゆうパックは，図書館や聴覚障害者情報提供施設等の「聴覚障害者の福祉を増進することを目的とする施設（日本郵便が指定するものに限る）」と聴覚障害者との間で，聴覚障害者用のビデオテープやDVD等の録画物を半額で送ることができる制度です。1989年から「聴覚障害者用小包郵便物制度」として始められました。

日本郵便の「聴覚障害者用ゆうパック発受施設」の指定を受けるためには，聴覚障害者の福祉を増進する施設であり，障害者サービスの要綱・規則等の聴覚障害者のためのサービスを行っていることを証明するものが必要です。

　また，実際に送る場合，内容物が容易に判断できるような包装を行い，「聴覚障害者用ゆうパック」の文字と施設名・施設住所を明記しなくてはなりません。返送時も「聴覚障害者用ゆうパック」の表示が必要です。

　利用対象者は，聴覚障害1～6級[8]に該当する者に限られています。また，ここでいう「聴覚障害者用ビデオテープやDVD等の録画物」とは，画像に字幕または手話を挿入した録画物のことであり，聴覚障害者情報提供施設等で製作されたものに限らず，市販の字幕入りの洋画ビデオ等も，聴覚障害者福祉施設等から聴覚障害者に送付される場合には，聴覚障害者用録画物として取り扱われます。ただし，たとえ字幕入りであっても16ミリ映画フィルムについては，聴覚障害者の個人利用が想定されないこと等から，この制度の対象とはなりません。また，重量が3kgを超えないことが条件となっています。

(7)　心身障害者用ゆうメール

　心身障害者用ゆうメールは，図書館法第2条第1項に規定する図書館と，身体に重度の障害がある者または知的障害の程度の重い者との間で図書の閲覧のために発受する制度のことです。1976年に「身体障害者用書籍小包」として始められたものです。その後，1994年には重度の知的障害者にも対象が拡大され，名称も「心身障害者用書籍小包」と変わりまし

た。

　サービスを利用できる人は，身体障害1・2級（内臓機能障害は3級を含む），重度知的障害者（療育手帳の障害の程度がAである）のいずれかに該当する者となっています。また，この制度を利用する図書館は，発受施設としての届け出をすることが必要で，「心身障害者用ゆうメール利用開始届」に図書館の設置条例，貸出・閲覧に関する規定および郵送サービスの根拠規定を添付して，その所在地の郵便物の集配を受け持つ事業所（郵便局）あてに提出すればよいことになっています。

　また，ゆうメールを差し出すときは，表面に「図書館用ゆうメール」の表記と図書館の名称および所在地の明記が必要です。

　なお，この制度で資料を送る場合は，割引とはいえ送料がかかります。送料を往復とも図書館が負担しているケース，片道図書館負担のケース，すべて利用者負担のケースがあります。往復図書館負担のケースでは，返送用の切手を貼った図書館あての返送カードを同封するなどの工夫をしています。

　この制度の利用はあくまで「図書」の形態のものに限られ，録音資料やCDなどを，視覚障害者以外に貸し出す際には利用できません。

(8)　おわりに

　現行の送料免除・割引制度は，視覚障害者，聴覚障害者，重度の身体障害者および重度の知的障害者を対象としています。さらに，厳密に障害者手帳や療育手帳等を所持している人のみが対象のように見受けられ，いわゆる寝たきり状態の人や発達障害・精神障害等で「手帳」を持っていない人は対

象となりません。さまざまな理由で来館が困難な人へのサービスを行うために，郵便制度を拡大するのか，国や自治体が経費負担をするのか，関係者との十分な検討の上，制度の拡充が求められています。

11.6 福祉制度

　ここでは，主に図書館の障害者サービスに関連する福祉制度について記します。中でも来館と利用に役立つ移動や意思疎通，読書支援に関連するものを中心に紹介します。さらに，知っておくべきその他の制度についても触れます。これらを有効に活用して，障害者の図書館利用を支えていただければ幸いです。

　実際の制度やサービスの利用にあたっては，住所地の自治体へ，直接問い合わせ・相談してください。

(1)　障害者手帳

　障害者手帳は，継続的に一定の障害の程度にある障害者の自立と社会参加を支援するために交付される手帳です。この手帳を所持することで，障害の種類や障害の程度により異なりますが，後述の「障害者の日常生活及び社会生活を総合的に支援するための法律」（「障害者総合支援法」）などの各種福祉サービスのほか，税の控除や公共交通機関の運賃・携帯電話料金・その他料金の割引が受けられるようになります。また，「障害者の雇用の促進等に関する法律」（「障害者雇用促進法」）の支援の対象になります。

　現在，障害者手帳には，①身体障害者手帳，②療育手帳，

③精神障害者保険福祉手帳の 3 つがあります。それぞれ身体障害者福祉法,「療育手帳制度について」(1973 年 9 月 27 日厚生省発児第 156 号厚生事務次官通知),「精神保健及び精神障害者福祉に関する法律」が根拠になっています。

①　身体障害者手帳

身体障害者手帳は,障害が一定以上で永続することを要件に交付される手帳です。対象となる障害は現在,視覚,聴覚,平衡,音声,言語,そしゃく,肢体,心臓,じん臓,呼吸器,膀胱,直腸,小腸,肝臓,ヒト免疫不全ウイルスによる免疫機能の障害があります。障害の種類別に 1 級(最重度)から 6 級までの等級があります。

②　療育手帳

療育手帳は,児童相談所または知的障害者更生相談所で知的障害と判定された者に交付される手帳です。障害の程度に応じて,重度(A)とそれ以外(B)に区分されます。

この手帳は厚生事務次官通知に基づき,各都道府県が独自に実施要綱を定め交付しています。そのため自治体によってその呼び名や区分が異なります。たとえば,東京都は「愛の手帳」とし,1 度(最重度)から 4 度まで細区分しています。

③　精神障害者保健福祉手帳

精神障害者保健福祉手帳は,一定程度の精神障害の状態にあると認定した精神障害者に交付される手帳です。対象者は,なんらかの精神疾患があり,長期に日常生活や社会生活への制約がある人です。対象となるのはすべての精神疾患で,次

のようなものがあります。

　　ア　統合失調症，うつ病，躁うつ病などの気分障害
　　イ　てんかん
　　ウ　薬物やアルコールによる急性中毒またはその依存症
　　エ　高次脳機能障害
　　オ　発達障害（自閉症，学習障害，注意欠陥・多動性障害等）
　　カ　その他の精神疾患（ストレス関連障害等）
　　障害等級は，精神疾患の状態と能力障害の状態の両面から総合的に判断され，1級（最重度）から3級まであります。

(2)　障害者総合支援法（2013年4月施行）

　　本法において，地域社会における共生の実現に向けて，障害者の日常生活と社会生活を総合的に支援するための施策が具体的に規定されています。障害者の範囲は，身体障害者，知的障害者，精神障害者（発達障害者・高次脳機能障害者を含む）ならびに厚生労働省が定める332疾病の難病等[9]の人です。

　　ここでいう「身体障害者」とは，身体障害者手帳の所持者です。また，知的障害者，精神障害者については障害者手帳の所持者に限られていませんが，手帳相当と判断されないとサービスの利用ができません。

　　サービスは，個々の障害の種類や程度，介護者の有無，居住等の状況，社会活動，サービスの利用に関する意向等を踏まえ，全国統一の基準を基に個別に支給の決定が行われる法定の自立支援給付と，個々の自治体が自らの裁量によって利用者の状況に応じて柔軟に実施できる自治体独自の地域生活支援事業に大別されます。したがって，地域生活支援事業は自治体によってサービスの要件が異なります。

なお，障害児に関するサービスは，すべて児童福祉法に位置づけられています。また，介護保険で同様のサービスが受けられる場合，そちらの利用が優先となります。

① 移動にかかわる支援

なんらかの介護が必要なため，単独での外出が困難な障害者に対する支援として，以下のようなものがあります。

ア　同行援護（自立支援給付）

移動に著しい困難を有する視覚障害者等の外出時に同行し，移動の援護，排泄および食事等の介護，視覚的情報の支援（読み書きの援助を含む）のほか，必要な援助を行います。

イ　行動援護（自立支援給付）

危険認知度が低く，社会性に問題があり，通常の行動に援護が必要な知的障害者または精神障害者に対して，危険を回避するための必要な援護および外出時における介護を行います。

ウ　移動支援（地域生活支援事業）

障害者の社会生活上必要不可欠な外出および余暇活動等，社会参加のための外出の際に必要となる移動の介護または付き添いで，原則として1日の範囲で用務を終えるものを支援します。サービスの要件は市区町村によって異なります。

障害のため図書館への来館が1人では困難な人は，これらのサービスを利用することになります。

② 意思疎通支援（地域生活支援事業）

障害者との意思疎通の手段は多々あります。聴覚障害者との手話や要約筆記，盲ろう者との触手話，指点字，視覚障害

者への読み書きの支援，重度身体障害者とのコミュニケーション支援ボードでの意思確認，知的障害者や発達障害者との絵カードなどを使ってのコミュニケーション，その他です。

　これらについて，都道府県と市区町村との役割が以下のように分けられています。

＜市区町村事業＞
　ア　手話通訳者および要約筆記者の派遣（点訳，音声訳，読み書き支援などを含む）
　イ　手話奉仕員の養成

＜都道府県事業＞
　ア　手話通訳者，要約筆記者，盲ろう者向け通訳・介助員の養成
　イ　盲ろう者向け通訳・介助員の派遣
　ウ　専門性の高い意思疎通支援を行う者の派遣
　エ　意思疎通支援を行う者の派遣にかかわる市区町村相互間の連絡調整
　オ　広域的な支援（市区町村・都道府県域を越えて住民が参加するような場合の意思疎通支援を行う者の派遣）

　図書館で講演会などを催す際は，この意思疎通支援事業を利用することになります。

③　日常生活用具の給付（地域生活支援事業）

　これは障害者が日常生活を円滑に過ごせるよう，必要な用具を給付または貸与する市区町村事業です[10]。スクリーンリーダー（音声化ソフト）などのアプリケーションソフトや，デイジー再生器などの読書支援機器，その他の購入にかかる費用が援助されます。用具を購入する前に申請する必要があ

表　用具の種目（例）

種目	対象者	用具の説明
視覚障害者用ポータブルレコーダー	視覚障害	デイジー再生機器
視覚障害者用拡大読書器	視覚障害	
情報・通信支援用具	上肢機能障害または視覚障害	障害者向けのパソコンの周辺機器や，アプリケーションソフト
点字ディスプレイ	盲ろう，視覚障害	パソコンの文章を点字で読むための機器
点字図書	視覚障害	一般図書購入価格相当額の負担にて点字図書を給付
点字器	視覚障害	
点字タイプライター	視覚障害	
視覚障害者用活字文書読み上げ装置	視覚障害	印刷された音声コードを読み取ることにより，情報を音声で聞くことができる装置
盲人用時計	視覚障害	
携帯用会話補助装置	音声言語機能障害	入力した文字を音声などにする装置（脳性麻痺の人などが使うことが多い）
聴覚障害者用通信装置	聴覚障害	FAX など
聴覚障害者用情報受信装置	聴覚障害	テレビの字幕放送を受信する装置
人工喉頭	喉頭摘出者	
福祉電話（貸与）	聴覚障害または外出困難	
FAX（貸与）	聴覚または音声機能もしくは言語機能障害で，電話では意思疎通困難	

ります。

　用具の種目にはさまざまなものがありますが，表は情報・意志疎通支援用具の参考例です。ここに図書館利用や読書支援に役立つと思われるものが多く含まれています。

　市区町村が給付の種目，対象者，内容，基準額，耐用年数を独自に定めています。自治体によって種目に若干の違いがあるほか，同じ種目でもそれぞれ異なります。したがってその都度確認が必要です。

　たとえば，点字ディスプレイの対象者を，「18歳以上で，原則視覚障害1・2級かつ聴覚障害2級」と盲ろう者に限っている自治体もあれば，視覚障害だけの人にも拡大している自治体もあります。基準額も25万円としている自治体もあれば，38万3500円の自治体もあります。

　情報・通信支援用具の障害者向けアプリケーションソフトの基準額と耐用年数においても，10万円の場合5年，5万円の場合3年のように差が見られます。

　ポータブルレコーダーは，原則として学齢児以上で視覚障害1・2級，デイジー方式での録音・再生または再生ができるもの，録音再生機85,000円，としている自治体が多いようですが，再生専用機は35,000円から48,000円までの自治体もあり，基準額のばらつきが散見されます。また対象者を「文字を拡大しても読むことができない3級のもの」と拡大している自治体もあります。

　障害者に必要な用具の給付としては，さらに補装具費の給付（自立支援給付）があります。身につけて使うことにより，身体機能を補完するものが給付対象となっています。義肢，義足，装具，車椅子，盲人安全杖，義眼，眼鏡，補聴器，重

度障害者用意思伝達装置などがあります。

(3) 成年後見制度

　成年後見制度は，認知症，知的障害，精神障害などにより
判断能力が十分でない人の権利を法的に守るための制度です。
家庭裁判所によって選ばれた成年後見人（成年後見人・補佐人・
補助人）が本人の利益を考慮して，財産管理や契約の締結を
代理したり，本人が自分で契約をするときに同意を与えたり，
後見人の同意を得ないで行われた不利益な契約を後から取り
消したりすることで，本人の権利と利益を保護します。この
背景には，少子・高齢化と核家族化に伴い1人暮らし人口が
増加する一方，介護保険や福祉サービスの利用に際して事業
者との契約行為が発生するようになり，判断能力が不十分な
人を保護する必要性が生じたことにあります。そのため，障
害者総合支援法は，成年後見制度利用支援事業を地域生活支
援事業として，市区町村の必須事業に位置づけています。読
書支援機器の購入の相談などに際して関係してくると思われ
ますので，知っておくべき制度といえるでしょう。

　また，類似の制度として，地域福祉権利擁護事業がありま
す。これは，市区町村の社会福祉協議会等が，利用者に日常
生活上の判断能力が不十分であっても，契約締結能力がある
ことを条件に福祉サービスの利用援助などを行う事業です。

(4) 障害者・児童・高齢者に対する虐待防止

　虐待の早期発見と防止は，社会全体で取り組むべき課題と
なっています。「障害者虐待の防止，障害者の養護者に対す
る支援等に関する法律」「児童虐待の防止等に関する法律」

「高齢者虐待の防止，高齢者の養護者に対する支援等に関する法律」によって，国民の義務が定められています。さらに，業務上関係のある団体や職務上関係のある者に早期発見の努力が求められ，市区町村または都道府県への通報義務が規定されています。図書館職員もそのような意識を常に持って，利用者に注意を払う必要があります。

幼児・児童が保護者なしで毎日来館し，閉館まで過ごしているなどはネグレクト（育児放棄）を疑う必要があります。何気なく，声がけするなど配慮をしましょう。

以上，福祉制度について紹介しましたが，これはごく一部でしかありません。各市区町村が「障害福祉のしおり」などの名称で発行している案内に詳しく書かれていますので，援助について考える際の参考にしてください。

11.7 WIPO 障害者等のための著作権条約「マラケシュ条約」

2013 年 6 月，モロッコのマラケシュに世界知的所有権機関（WIPO）の加盟国である 186 か国の代表が集い，議論の上，採択されたのが「盲人，視覚障害者その他の印刷物の判読に障害のある者が発行された著作物を利用する機会を促進するためのマラケシュ条約」です。2016 年 9 月には 20 か国が批准し，国際法として発効しました。

(1) マラケシュ条約の背景

この条約の背景として，世界盲人連合（WBU）がいうところの，毎年世界で出版されている約 100 万の書籍のうち，視覚障害のある人々がアクセシブル[11]な様式で利用できるの

は 10％未満であるとする「本の飢餓」（book famine）があります。

　従来は，アクセシブルな様式の図書は一般市場で手に入れることはできませんでした。また，出版社は視覚障害者等の点字や音声による図書を，利益の高いビジネスだとは考えていませんでした。そのため，それらの図書は点字図書館やボランティアが製作することになります。しかし，せっかく製作したアクセシブルな図書は，自国の著作権法の権利制限に基づいて製作しているので，海外での対象者が使うことはできませんでした。

　この状況を解決すべく，2005 年頃から WBU が中心となり，視覚障害者等プリントディスアビリティのある人のために，国内法の著作権の権利制限と例外規定の下でアクセシブルな図書が製作できることに加え，さらにそれらが国境を越えて共有できるよう，WIPO に国際的な法の枠組み制定を求めました。2006 年 12 月，「障害者の権利に関する条約」（「障害者権利条約」）が国連の総会で採択されたことにより，障害者の情報へのアクセスの権利が基本的人権として確立しました。これにより，視覚障害者やその他のプリントディスアビリティのある人の情報アクセス権と著作権の調和を求めた，新著作権条約の議論が活発になっていきました。その結果としてマラケシュ条約の採択に至りました。

(2)　マラケシュ条約の内容

　本条約の第 1 条「他の条約との関係」は，他の条約に基づく義務，権利を侵害することがないと規定しています。

　第 2 条「定義」では，マラケシュ条約の適用において，「著

作物」は、「発行されているか又は他のいかなる媒体において公に利用可能なものとされているかを問わず、文学的及び美術的著作物の保護に関するベルヌ条約（以下「ベルヌ条約」という。）第2条(1)に規定する文学的及び美術的著作物であって文学、記号又は関連する図解の形式によるものをいう」としています。ベルヌ条約では、オーディオブックなど音声形式を含んでいますが、映像は含まれていませんでした。

また、第2条における「利用しやすい様式の複製物」とは、視覚障害あるいはその他のプリントディスアビリティのない人々と同様に、実現可能な方法で無理なく著作物へアクセスすることを許可するなど、受益者に著作物の複製物へのアクセスを提供する代替的な手段や形式による著作物の複製物と定義しています。たとえばデイジー図書、点字本、大活字本、およびその他のアクセシブルな様式を意味しています。

さらに同条において、「権限を与えられた機関」（authorized entity）とは、「政府により、受益者に対して教育、教育訓練、障害に適応した読字又は情報を利用する機会を非営利で提供する権限を与えられ、又は提供することを認められた機関」を意味しています。この機関には、「主要な活動又は、制度上の義務の一として受益者に同様のサービスを提供する政府機関及び非営利機関も含む」と規定しています。つまり権限を与えられた機関は、政府機関でも、政府機関に認定された非営利機関でもよいわけです。また公認機関は、サービスの対象は受益者であることの確認、アクセシブルな複製物の提供者を受益者および権限を与えられた機関に限定、無許可複製物の複製、譲渡の阻止などを目的にそれぞれの国で独自の手続きを設ける必要があるとされています。

第3条「受益者」は，印刷物を読むことに障害があるすべての障害，つまりプリントディスアビリティを含むという定義になっています。条文では「盲人である者」，そして「視覚障害又は知覚若しくは読字に関する障害のある者であって，そのような障害のない者の視覚的な機能と実質的に同等の視覚的な機能を与えるように当該障害を改善することができないため，印刷された著作物を障害のない者と実質的に同程度に読むことができないもの」と定義しています。なお，この文言における「改善することができない」という言葉によって，可能な医学的な診断や治療を義務づけるものでないとしています。また「身体的な障害により，書籍を持つこと若しくは取り扱うことができ」ない，あるいは「読むために通常受入れ可能な程度に目の焦点を合わせること若しくは目を動かすことができない」者も含んでいます。さらに，「他の障害の有無を問わ」ないともしています。

　第4条「利用しやすい様式の複製物に関する国内法令上の制限及び例外」においては，パラグラフ（以下，パラとする）1は「WIPO著作権条約」（WCT）で規定されているように，複製権，譲渡権および利用可能化権に対する制限または例外を，自国の著作権法で規定するとしています。また，国内法令の制限または例外は，著作物を代替様式でアクセシブルにするために必要な変更を許可することを認めています。パラ2では，この条文にあわせて，締約国に著作権法の改正または調整も求めています。パラ3は，自国の著作権において，本条約の第10条「実施に関する一般原則」と第11条「制限及び例外に関する一般義務」に基づき例外を定めるものとしています。なお，本項について，対象者の視覚障害，その他のプリ

ントディスアビリティのある人々にかかわる翻訳権について，ベルヌ条約で認められている範囲内とすると解釈されています。パラ4については，本条文に基づく制限または例外は，受益者が妥当な条件で商業的に入手できない特定のアクセシブルな様式の著作物に制限または例外が適用されるわけです。

これらの複製物の国境を越えた交換にかかわるのが，前述した「権限を与えられた機関」です。第5条のパラ1では，公認機関による「利用しやすい様式の複製物の国境を越える交換」について規定しています。締約国の権限を与えられた機関が，別の国の締約国にアクセシブルな複製物の提供において，直接，受益者または対象国の権限を与えられた機関を通して提供ができることになります。パラ3は，本条約の実施に関する一般原則を規定した第10条と，スリーステップテスト[12]を含む既存の条約（ベルヌ条約，知的所有権の貿易関連の側面に関する協定（TRIPs），WIPO著作権条約）の義務を定めた第11条に従い，締約国は，自国の著作権法において権利制限を定めることでパラ1を実施できるとしています。パラ4は，締約国がベルヌ条約やWIPO著作権条約に加盟していない場合，アクセシブルな様式による複製物が国境を越えた不正流通を防止するため，受益者のみが利用できるようにすることを定めています。

第6条「利用しやすい様式の複製物の輸入」では，締約国の国内法令で，受益者，受益者の代理として行動する者，あるいは権限を与えられた機関が，著作物のアクセシブルな様式による複製物の作成を許可される限り，彼らが受益者のために著作者の許可なくアクセシブルな様式による複製物を輸入することを許可するとしています。

第7条「技術的手段に関する義務」では，著作物に技術的保護手段が行われている場合，受益者は，本条約で規定されている制限および例外が妨げられないような適切な処置を，必要に応じて講じられると定めています。つまり，DRMとも呼ばれる技術的保護手段等により障害者が使えない状況にあってはならないということです。

　第8条「プライバシーの尊重」において，受益者のプライバシーを保護する努力義務を定めています。

　第9条「国境を越える交換を促進するための協力」について，パラ1では，締約国は，国境を越えた交換を促進するため，情報の自主的な共有を奨励することで，アクセシブルな様式の複製物の国境を越えた交換を促進する努力を求めています。WIPO国際事務局は，この目的のために，情報アクセスポイントを設置するとしています。実際にWIPO主導で国際協力が始まり，アクセシブル・ブック・コンソーシアム（ABC）が立ち上がりました。ABCは，WBU，IFLA，DAISYコンソーシアムなどのマルチステークホルダー・パートナーシップの団体で構成されており，その目的は，「本の飢餓」を解消するために，対象者が利用できるアクセシブルな様式の図書を世界的に増やし，それらの図書を入手可能にすることにあります。WIPO本部内には，ABC Global Book Service（元TIGAR Service）と呼ばれるプロジェクトが置かれ，国境を越えたアクセシブルな図書の交換のために，76言語のデータベースがすでに設置されています。本条約の発効により，各国の権限を与えられた機関がABCの会員となって，このデータベースに貢献することが期待されています。また，このサービスのプロジェクト以外にABCの活動として，開発途上

国などの各機関が公認機関として機能できるようにするための支援を行っています。具体的には，技術的な研修を行うキャパシティ・ビルディング・プロジェクトのほか，出版社がボーンアクセシブル（最初からアクセシブル）な図書の出版をするための技術的，および工業規格を推進するインクルーシブな出版プロジェクトの普及促進があります。

　第9条のパラ4においては，締約国は，この条約を実施するために「各国の努力を支援するために国際協力及びその促進が重要である」とし，アクセシブルな複製物の国際交換を促進するための情報共有の可能性を定めています。

　第10条では，パラ2において，「いかなる規定も，締約国が自国の法律上の制限及び慣行の範囲内でこの条約を実施するための適当な方法を決定することを妨げるものではない」としています。第11条では，上述のように既存の条約に基づく権利の実施と義務に従うことが規定されています。また，第12条では，受益者のためにこの条約で定める以外のものを締約国の国内法令において実施できるとしています。

　第13条から22条は，本条約の手続きと管理関連についてです。第13条は，締約国による「総会」について規定し，この総会において「政府機関が締約国となることの承認に関して，第15条の規定により与えられる任務を遂行する」としています。第15条は，「この条約の締約国となる資格」を規定しています。その中で，第15条のパラ2として「総会は，この条約が対象とする事項に関して権限を有し，及び当該事項に関してその全ての構成国を拘束する旨並びにこの条約の締約国となることにつきその内部手続きに従って正当に委任を受けている旨を宣言する政府機関が，この条約の締約国とな

ることを認める決定を行うことができる」と規定しています。なお，欧州連合において，本条約の採択の際に宣言を行っているので本条約の締約国となることができるとしています。

第18条においては，批准国が20か国に達し，批准書または加入書を寄託した後3か月で効力が生ずる「この条約の効力発生」について定めています。実際その条項に基づき，2016年9月に本条約は発効しています。

日本においても，2018年にマラケシュ条約の批准がなされ，具体的取り組みを行っています。

11.8 読書バリアフリー法

2019年6月，「視覚障害者等の読書環境の整備の推進に関する法律」が制定，施行されました。一般には「読書バリアフリー法」と呼ばれています。

(1) 読書バリアフリー法の背景と経緯

この法律が制定された直接的な契機は，マラケシュ条約批准にあります（本書11.7参照）。しかし，それ以前から，法律制定に向けての視覚障害者等の関係団体による地道で粘り強い働きかけがありました。「国民読書年」だった2010年ごろにも，読書バリアフリー法を制定しようという機運が高まりましたが，このときは制定には至りませんでした。それから約10年の歳月を経ての実現となりました。

本書11.7で述べた「本の飢餓」の問題は，日本も例外ではありません。2017年度に国立国会図書館が全国の公共図書館を調査したところ，障害者サービス用資料の所蔵率は，大

活字本でこそ 8 割を超えていますが，点字資料（冊子体）で 6 割，録音資料に至ってはまだ 3 割台にとどまっています[13]。こうした状況を改善し，障害の有無に関係なく，読みたいものを読みたいときに「買う」自由と「借りる」権利を保障できる環境づくりが欠かせません。そのために，読書バリアフリー法の制定が目指されました。

　法律の制定に大きな役割を果たしたのは，2018 年 4 月に発足した超党派の国会議員による「障害児者の情報コミュニケーション推進に関する議員連盟」です。つまり，この法律は議員立法の形で作られました。この議員連盟が中心となって，法律の骨子案がまとめられました。そして，2019 年春の第 198 回通常国会に法律案が上程され，6 月 21 日に全会一致で可決・成立しました。その 1 週間後の 6 月 28 日に読書バリアフリー法は施行となりました。

(2)　読書バリアフリー法の内容

　読書バリアフリー法は，全 18 条から成る法律です。各条の要点を見ていくことにします。

　第 1 条には，この法律の目的が示されています。具体的には，「視覚障害者等の読書環境の整備を総合的かつ計画的に推進し，もって障害の有無にかかわらず全ての国民が等しく読書を通じて文字・活字文化の恵沢を享受することができる社会の実現に寄与することを目的」としています。

　第 2 条では，この法律で用いる「視覚障害者等」「視覚障害者等が利用しやすい書籍」「視覚障害者等が利用しやすい電子書籍等」の定義が示されています。このうち，「視覚障害者等」については，視覚障害者だけでなく，「発達障害，肢体不

自由その他の障害により」,「視覚による表現の認識が困難な者をいう」としています。これは著作権法第37条第3項に示す対象者と同じです。

第3条では,基本理念が3点示されています。簡潔に要約すると,次の通りです。

① 視覚障害者等が利用しやすい電子書籍等は,視覚障害者等の読書の利便性向上に著しく資するので,その普及を図るとともに,電子書籍等以外の視覚障害者等が利用しやすい書籍も引き続き提供されること

② 視覚障害者等が利用しやすい書籍及び電子書籍等の質的拡充と質の向上が図られること

③ 視覚障害者等の障害の種類及び程度に応じた配慮がなされること

これらの基本理念を受けて,第4条では国の責務,第5条では地方公共団体の責務がそれぞれ規定されています。その責務とは,国については「視覚障害者等の読書環境の整備の推進に関する施策を総合的に策定し,及び実施する責務」,地方公共団体については「国との連携を図りつつ,その地域の実情を踏まえ,視覚障害者等の読書環境の整備の推進に関する施策を策定し,及び実施する責務」です。また,第6条では,政府は「視覚障害者等の読書環境の整備の推進に関する施策を実施するために必要な財政上の措置その他の措置を講じなければならない」と規定しています。

第7条では,文部科学大臣及び厚生労働大臣に対して「視覚障害者等の読書環境の整備の推進に関する基本的な計画」(以下,「読書バリアフリー基本計画」)の策定を義務づけています。また,第8条では,地方公共団体に対して,国の読書バ

リアフリー基本計画と地域の状況等をふまえて,「視覚障害者等の読書環境の整備の推進に関する計画」の策定を努力義務としました。国に計画策定を義務,地方公共団体に計画策定を努力義務とする形は,2001年に制定された「子どもの読書活動の推進に関する法律」と同じです。

第9条から第17条にかけては,9点の基本的施策が示されています。

① 視覚障害者等の図書館利用に係る体制の整備等（第9条）

② インターネットを利用したサービスの提供体制の強化（第10条）

③ 特定書籍及び特定電子書籍の製作の支援（第11条）

④ 視覚障害者等が利用しやすい電子書籍等の販売等の促進等（第12条）

⑤ 外国からの視覚障害者等が利用しやすい電子書籍等の入手のための環境の整備（第13条）

⑥ 端末機器等及びこれに関する情報の入手の支援（第14条）

⑦ 情報通信技術の習得支援（第15条）

⑧ 研究開発の推進等（第16条）

⑨ 人材の育成等（第17条）

これらのうち,図書館にかかわる①～③,⑤～⑦,⑨の7点について,もう少し詳しく説明します（④と⑧は主に出版にかかわる施策です）。

①について,国及び地方公共団体は,各々の図書館の果たすべき役割に応じ,点字図書館とも連携して,視覚障害者等の利用しやすい書籍及び電子書籍等の充実,その円滑な利用

226

のための支援の充実などの図書館利用に係る体制整備に必要な施策を講じるとしています。ここでいう図書館には，公立図書館はもちろんのこと，大学図書館，学校図書館，国立国会図書館が含まれています。

②について，国及び地方公共団体は，視覚障害者等がインターネットを利用して全国各地にある視覚障害者等が利用しやすい書籍及び電子書籍等，なかでも特定電子書籍等を十分かつ円滑に利用できるようにするための施策を講じるとしています。「特定」が頭に付く書籍及び電子書籍等は，視覚障害者等が利用しやすい書籍及び電子書籍等のうち，著作権法第37条第1項から第3項の規定により視覚障害者等のために図書館等で製作（法的には複製）された書籍及び電子書籍等を指します。点字資料データや録音資料データなどが特定電子書籍等に当たります。ここでは，それらを全国規模で共有・提供しているサピエや国立国会図書館による視覚障害者等用データの収集及び送信サービスと各図書館，特定電子書籍等の製作者の間の連携強化も施策としてあげられています。

③について，国及び地方公共団体は，図書館協力者やボランティアなどの製作者による特定書籍及び特定電子書籍等の製作を支援するため，質の向上を図るための取り組みなど必要な施策を講じるとしています。また，国は特定書籍及び特定電子書籍等の効率的な製作を促進するために，その製作者に対して出版社から書籍の電子データの提供を促進するための環境整備に必要な支援などの施策も講じるとしています。

⑤については，マラケシュ条約批准を受けて，外国から十分かつ円滑に視覚障害者等が利用しやすい電子書籍等を入手できるようにするための環境整備に必要な施策を国が講じる

としています。

⑥と⑦について，国及び地方公共団体は，視覚障害者等が利用しやすい電子書籍等を利用するための端末機器等及びそれらに関する情報の入手支援のため，また，それらを利用するに当たって必要となる情報通信技術（ICT）の習得支援のため，必要な施策を講じるとしています。

⑨について，国及び地方公共団体は，特定書籍及び特定電子書籍等の製作者や図書館職員等の育成と研修の実施，広報活動の充実その他の必要な施策を講じるとしています。

最後に，第18条では，「視覚障害者等の読書環境の整備の推進に関する施策の効果的な推進を図るため」，国に協議の場を設けると規定されています。協議の場を構成する関係者の例示としては，「文部科学省，厚生労働省，経済産業省，総務省その他の関係行政機関の職員，国立国会図書館，公立図書館等，点字図書館，第10条第1号のネットワークを運営する者，特定書籍又は特定電子書籍等の製作を行う者，出版者，視覚障害者等その他の関係者」となっています。ここに経済産業省や総務省が含まれるのは，読書バリアフリーが図書館だけでなく出版や通信も大きくかかわっているからです。

(3) 読書バリアフリー法を各図書館で生かすために

2019年の夏以降，読書バリアフリー法の第7条を受けて，第18条に基づいて国に設置された「視覚障害者等の読書環境の整備の推進に係る関係者協議会」において，読書バリアフリー基本計画の検討が進められました。そして，2020年7月に策定・公表となりました。2020年度から2024年度までの5年間を期間としていて，「定期的に進捗状況を把握・評価

していくものとする」としています。計画の内容構成は，「Ⅰ　はじめに」「Ⅱ　基本的な方針」「Ⅲ　施策の方向性」「Ⅳ　おわりに」です。

このうち，「Ⅱ　基本的な方針」は，読書バリアフリー法第3条に示された3点の基本理念をベースとしています。また，「Ⅲ　施策の方向性」は，第9条から第17条に示された9点の基本的施策を具体化したものとなっています。

「Ⅳ　おわりに」では，計画に基づく取り組みの着実な推進に向けて，「多くの関係者の理解が必要であり，丁寧な周知を行う」ことや，「関連施策の実施に当たって，国は必要な財源の確保に努める」などと述べられていて，今後の国の動向が注目されます。また，地方公共団体，「特に都道府県は，域内全体の視覚障害者等の読書環境の整備が図られるよう，自ら行うべき図書館等の施策の充実を図るとともに，市町村に対して必要な指導・助言等を行うものとする」と述べていることも，重要です。市町村の範となるように，まずは都道府県が率先して読書バリアフリー計画の策定などに努めることが望まれます。

地方公共団体の計画策定状況については，2021年4月の時点で，埼玉県，大阪府，鳥取県，徳島県，京都市が策定しています。2021年度以降，計画策定の検討に入る地方公共団体が増えるものと思われます。

読書バリアフリー法が制定され，国や地方公共団体の計画策定が進んでも，それだけで読書バリアフリーが一気に前進するわけではありません。各図書館の現場における実践こそが重要だからです。実践とそれを支える法律・施策は，読書バリアフリーを推進する，いわば「クルマの両輪」といえま

す。各図書館では，読書バリアフリー法の目的と基本理念を改めて確認し，また，国及び地方公共団体の計画などに示された施策の方針や内容をふまえて，障害者サービスをはじめとした読書バリアフリーの実践のより一層の充実に取り組んでほしいと思います。読書バリアフリー法制定をチャンスとして生かせるかどうかは，まさに今からの各々の取り組みにかかっています。

11.9 法や制度の残された課題

(1) 整えられてきた法や制度

・対象を特定の障害者に限定しない

　日本は「障害者の権利に関する条約」を2014年に批准しました。その権利条約を具体化するための法律として「障害者差別解消法」が2013年に制定されています。これらの法律の根底にあるものは「障害者を特定しない」というもので，何らかの社会的障壁のある人を広い意味での障害者としてとらえています。また，あらゆる社会のシステムにおいて何らかの社会的障壁のある人にそれらを利用してもらう方法として，個々のサービスを行う人が「合理的配慮の提供」や「基礎的な環境整備」を行うこととしています。

　2009年と2018年に改正された著作権法第37条第3項は，障害者等の情報環境を根本的に改善するものとなっています。ここでも，「視覚による表現の認識に障害のあるもの＝視覚障害者等」という言い方で，幅広い障害者等がその対象となっています。2018年に批准したマラケシュ条約でも，その受益者は幅広いものになっています。さらに，2019年に成立し

た読書バリアフリー法でも同様に障害者をとらえ，日本全体で連携しながら障害者等への情報提供をすることを求めています。

このように，法律や制度はかなり改善されてきました。そのため，法律が障害者サービス実施の壁になってサービスができないということはほぼありません。そこで，満足のいくサービスを実施しているかいないかは図書館側の問題となっています。

ただ，障害者を幅広くとらえ，サービスを行うものが自ら障害者等への利用を保障しなくてはならないということについて，福祉制度を含めて，ほとんどの社会システム，組織は残念ながらまだまだそれに沿ったものになっていません。そのことがサービスの障壁になってしまうことのないよう，今後も努力が必要です。

(2) 読書バリアフリー法の課題

11.8 からもわかりますが，読書バリアフリー法は従来にない画期的な法律であると考えます。といっても課題がないわけではありません。

① 現在行っていること，今わかっている課題の解決に重点が置かれている

読書バリアフリー法は現在すでに行っていること，今わかっている直近の課題の解決のための具体案は提示しているものの，これからのビジョンについては残念ながらあまり具体的な方策を示していません。そのため，読書バリアフリー法は到達点ではなく，今後大きく育てていく法律と考えてくだ

さい。

② アクセシブルな電子書籍の出版については不十分な記述になっている　真にアクセシブルな電子書籍はいつ刊行されるのか

法律にも書かれていますが，アクセシブルな電子書籍の刊行は今後の視覚障害者等への情報提供の基本となるものです。しかし，その条文からはすぐに進展できそうには読めません。ただ，この分野は関係者の努力により大きく変わる可能性を持っています。今後の動きを注目していく必要があります。

③ サービス人材の確保に向けた予算化等，具体的方策が示されていない

サービスの充実のためには図書館職員や資料製作者等のサービス人材の確保が必須です。そのことを法律も示しているわけですが，残念ながら具体的になっていません。専門職員の確保や高いスキルの資料製作者の確保に向けて，予算化等の成果の出る施策を望みます。

④ 郵便制度の問題等，提供方法の課題に目を向けていない

視覚障害者等に資料やデータを利用してもらうためには，インターネットからのデータ送信だけではなく，郵送等による提供方法の充実も必須です。インターネットを使えない障害者も多く，図書館に来館できない障害者等への提供方法の確保の具体的施策が求められています。

⑤ 数値目標がない（基本的な計画）

国や自治体が作成する，基本的な計画に数値目標を入れな

くてはなりません。実は，国の関係者協議会でも論議されましたが，残念ながら具体的数値の導入まではいきませんでした。数値目標を入れるためには，現状の把握と目標の設定が必要です。引き続きの努力が求められます。

(3) 著作権法の課題

アクセシブルな電子書籍と第37条第3項「ただし書き」との関係

第37条第3項では，ただし書きで同じ形式のものが販売されている場合は製作できないことになっています。それは，出版社による刊行を促すことが目的です。これにより，今後真にアクセシブルな電子書籍が刊行されてくると，マルチメディアデイジー等の資料が製作できなくなることが予想されます。

問題なのは，多くの障害者自身がそれを購入できるか，つまりサイトからの入手がアクセシブルになっているのかということです。さらには，検索や読むためのアプリもアクセシブルでなくてはなりません。また，図書館から無料で借りて利用できるようになっているかも重要です。

このように，障害者も「買いたい人は買える，借りたい人は借りられる」環境を作っていかないと，本当のアクセシブルな電子書籍の刊行とは言えないと思います。一部のスキルの高い障害者だけではなく，多くの障害者が使える環境を急ぎ整えていく必要があります。

(4) 郵便制度の課題

肢体不自由や寝たきりの人に資料が郵送できるようになるのか

認可された図書館から視覚障害者に録音資料を無料で郵送

することはできますが，いわゆる寝たきり状態の人や肢体不自由の人に資料を無料で送ることはできません。図書館まで来られる人にまで無料で郵送する必要はありませんが，来館が困難な人への負担のかからない郵送・宅配の方法について工夫することが求められています。

(5)　福祉制度の課題

デイジー再生機の割引購入は重度の視覚障害者しか適用にならないのか

障害者用の読書支援機器は高価なものが多いのが現状です。購入時の負担を減らす方法として，福祉の日常生活用具給付制度があります。これは，自治体から費用の一部を助成してもらい，安価に購入できるようにするものです。ただ，この制度の対象者は厳密に障害者手帳等のある人（障害の種類や等級も規定されている）に限られていて，対象となる機器やアプリも限定されており，さらに再申請ができるまでの期限も実情に合わないものがあります。つまり，本当に必要な人に必要なものを給付できるようになっていません。制度は市区町村事業のため，かえって制度の拡大や弾力的な運用も行いにくいようです。

このように，従来の福祉制度はほぼすべて障害者手帳等の「手帳」がないと受けられないものとなっています。(1)で述べましたが，今後望ましい姿に制度そのものを修正していく必要があるのではないでしょうか。

注
1)　2018 年の著作権法一部改正によります。改正前は，「視覚障害者そ

234

の他視覚による表現の認識に障害のある者」となっていました。

2) 著作権法施行令の一部を改正する政令の施行日である 2019 年 1 月 1 日から含まれるようになりました。

3) 障害者政策委員会（第 25 回）議事録（2015.8.31）（https://www8.cao. go.jp/shougai/suishin/seisaku_iinkai/k_25/gijiroku.html）における文化庁 著作権課・秋山課長補佐の発言を参照。

4) 2018 年の著作権法一部改正により，2019 年 1 月 1 日から行うことが できるようになりました。

5) 「環太平洋パートナーシップ協定の締結に伴う関係法律の整備に関 する法律の一部を改正する法律」が 2018 年 12 月施行され，原則が著 作者の死後 50 年までから 70 年までに，団体の名義のものや名前がつ いていなかったり，有名でないペンネームなどで公表されていたりす るものは，公表後 70 年になりました。なお，映画の著作物の著作権の 保護期間は公表後 70 年で変わりません。

6) 日本著作出版権管理システムは，2010 年までに出版者著作権管理機 構に関連業務を承継し，2011 年 2 月 10 日に解散しました。また，日 本複写権センターは，2012 年 4 月の公益社団法人への移行に伴い，名 称を日本複製権センターに改めました。

7) 郵便法や約款では，旧来の「盲人」という用語が用いられています が，この言葉は現在ではあまり望ましくありません。

8) 聴覚障害の障害等級には 1 級と 4 級はありませんが，発語障害など があると等級があがることがあります。

9) 厚生労働省「障害者総合支援法の対象疾病（難病等）平成 27 年 7 月 から」
https://www.mhlw.go.jp/file/06-Seisakujouhou-12200000-Shakaiengokyoku shougaihokenfukushibu/332_1.pdf

10) 厚生労働省「日常生活用具給付等事業の概要」
https://www.mhlw.go.jp/stf/seisakunitsuite/bunya/hukushi_kaigo/shougaisha hukushi/yogu/seikatsu.html

11) 公定訳は，「利用しやすい」となっていますが，本稿では，条文以外 では，「アクセシブル」という用語を使っています。

12) 「スリーステップテスト」によれば，次の 3 つの基準を満たした場 合に著作権を制限する法律をつくることができます。日本もこの基準

を定めた条約に加盟しています。

・特別の場合であること

・著作物の通常の利用を妨げないこと

・著作権者の正当な利益を不当に害さないこと

13)　国立国会図書館関西館図書館協力課編『公共図書館における障害者サービスに関する調査研究』国立国会図書館　2018

参考文献

　「盲人，視覚障害者その他の印刷物の判読に障害のある者が発行された著作物を利用する機会を促進するためのマラケシュ条約」の条文については，日本政府公定訳を使用しました。

　https://www.mofa.go.jp/mofaj/files/000343334.pdf

　野口武悟「『視覚障害者等の読書環境の整備の推進に関する法律』の内容と今後の展開」『図書館雑誌』114 巻 4 号　2020.4　p.184-186

　野口武悟「読書バリアフリー法の制定背景と内容，そして課題」『カレントアウェアネス』344 号　CA1974　2020　p.2-3

　野口武悟「『読書バリアフリー基本計画』を読む」『カレントアウェアネス-E』399 号　E2307　2020

　野村美佐子「マラケシュ条約 – 視覚障害者等への情報アクセスの保障に向けた WIPO の取り組み」『カレントアウェアネス』321 号　CA1831　2014　p.18-21

12章 終章 障害者サービスの将来

12.1 電子図書館の持つ可能性

(1) 電子図書館サービスの広がり

今日，多くの公共図書館がホームページ（ウェブサイト）を開設して，利用者に対して各種のサービスをインターネット上で提供するようになってきています。ホームページでは，

ア　自館の概要や利用案内などの情報発信

イ　OPACとそれに付随しての予約サービスなどの提供

ウ　デジタルレファレンスサービスなどの非来館による情報サービスの提供

エ　自館でデジタル化してアーカイブしたコンテンツの公開（デジタルアーカイブなど）

オ　外部事業者との契約による商用データベースや電子書籍サービスなどのネットワーク系のデジタルコンテンツの提供

などが行われています。アとイは，ホームページを開設している公共図書館ではほぼ行われているものと思われます。ウ～オはまだ一部にとどまっていますが，徐々に広がる傾向にあります。なお，自館で製作したデイジー資料などの著作権法第37条第3項に基づく自動公衆送信は，エに含まれるといえます。

ホームページによるア〜オの取り組みを，公共図書館によっては，電子図書館あるいは電子図書館サービスと称しています。そもそも，電子図書館とは何でしょうか。日本図書館情報学会が編さんした『図書館情報学用語辞典』（第4版，丸善，2014）によりますと，「資料と情報を電子メディアによって提供すること，とりわけネットワークを介して提供することをサービスの中心に据えて，従来の図書館が担ってきた情報処理の機能の全体または一部を吸収し，さらに高度情報化社会の要請に呼応した新しい機能を実現させたシステムまたは組織，機関」「ただし，＜1＞電子図書の提供サービスだけではない，＜2＞全文データベースサービスだけではない，＜3＞単なるネットワーク情報資源の蓄積ではない，などは必要条件となろう」と説明されています。ここに示されている必要条件から考えますと，上述したア〜オすべてを包含した形が電子図書館の完成形ということができそうです。

　電子図書館による各種のサービス提供は，障害者はもちろんのこと，ビジネスパーソンや図書館から遠く離れた地域に住む人など，公共図書館の来館利用に困難を伴いやすい人にとって大きな可能性を有しています。今後も，電子図書館の完成形を目指して，ホームページのいっそうの整備・充実が期待されます。

　もちろん，電子図書館がいくら充実しても，リアルな公共図書館とそのサービスがなくなるわけではありません。むしろ，両者のよさを組み合わせたハイブリッド型の図書館サービスが，将来の公共図書館の一般的な姿になるのではないかと思われます。このことは，「障害者サービス」においても，同様でしょう。

（2） 大前提としてのアクセシビリティ

　電子図書館の完成形を目指すといったときに，当然ですが，アクセシビリティの確保は大前提です。

　公共図書館のホームページがまったくアクセシブルでないとしたら，現時点でも問題外ですが，「ホームページに音声読み上げボタンが付いているのに，クリックしても読み上げない」など，ホームページ開設後のメンテナンスが不十分なためにアクセシビリティが低下しているケースも少なくありません。将来を見据えて，まずはホームページの現状を各図書館でしっかりと確認し，アクセシビリティの確保・向上に取り組むことが欠かせません。

　この点は，すでに4.6でも述べてきましたし，11.2で紹介した日本図書館協会の「図書館における障害を理由とする差別の解消の推進に関するガイドライン」においても，ホームページのアクセシビリティについて言及しています。あわせて，より詳しくは，次に述べる規格やガイドラインを踏まえた対応が求められます。

　1つは，ホームページのアクセシビリティに関する規格であるJIS X 8341-3（高齢者・障害者等配慮設計指針−情報通信における機器，ソフトウェア及びサービス−第3部：ウェブコンテンツ）です。「合理的配慮」を義務づけた「障害を理由とする差別の解消の推進に関する法律」（「障害者差別解消法」）の施行を目前に控えた2016年3月に改正されています。

　もう1つが，総務省による「みんなの公共サイト運用ガイドライン（2016年版）」および「みんなのアクセシビリティ評価ツール：miChecker Ver2.0」です。こちらも，障害者差別解消法の施行とJIS X 8341-3の改正に合わせて，2016年3月に

公表されています。公共図書館などがホームページのアクセシビリティを確保・向上していく際の手順などを解説しています。

　今後も，情報通信技術の発展は続いていきます。各図書館では，アクセシビリティをめぐる新たな動向に常に留意して，それらを迅速に反映できるように努めたいものです。

12.2 世界の図書館の取り組み

(1)　国連の「2030アジェンダ」

　国連は，2015年に各国首脳によるサミットを開催して「持続可能な開発のための2030アジェンダ」（以下，「2030アジェンダ」）を採択しました。

　すべての国連加盟国は，2030年までに17の目標と169のターゲットからなる「持続可能な開発目標」（SDGs）の達成に努めるとともに，毎年1回ニューヨークの国連本部で「持続可能な開発のためのハイレベル政治フォーラム」（HLPF）を開催して，その進捗状況を確認し必要な調整を行っています。

　SDGsには，どこを見ても図書館という言葉は出てきません。しかし，「情報アクセス」は繰り返し言及されていますし，「2030アジェンダ」には，SDGsの上位目標として「誰もが十分に情報を理解し共有できる世界」（a world with universal literacy）の実現がうたわれています。

　国際図書館連盟（IFLA）と世界の図書館は，「2030アジェンダ」を支持し，「情報を個人，コミュニティおよび団体にとって有意義に利用し，創造し，共有する権利と能力」[1]の発展を目指して，その実現に積極的に取り組もうとしています。

240

その一環として，グローバルな取り組みの進捗状況を
「Development and Access to Information」（開発と情報アクセス）
と題する年次報告書にまとめて，HLPF に報告することにし
ています。

(2)　持続可能な開発のためのハイレベル政治フォーラム

　IFLA は「2030 アジェンダ」実現の取り組みを，世界の図書
館の振興に結びつけようと努めています。

　HLPF で議決権を持つ正式参加者は国連加盟各国の代表で
すが，実際の会議には，IFLA や障害者団体，出版社等の市民
社会と呼ばれる世界中のさまざまな団体が参加しています。
この市民社会の参加者は，現在 13 のグループのどれかに属
する形で参加し発言します。市民社会のそれぞれのグループ
は，グループごとに自主的に世話役を決めて，発言機会やサ
イドイベント等の調整を行います。また，グループ相互ある
いは協力的な政府や国連機関とも積極的に連携しています。

　2018 年 3 月現在，市民社会の中に図書館グループはまだあ
りません。しかし，デジタルディバイド（情報格差）の解決を
目指して開催された国連の世界情報社会サミットの際には，
市民社会グループの中に図書館グループと障害者グループと
があり，図書館グループは IFLA，障害者グループは DAISY
コンソーシアムが，それぞれのグループの世話役を担当しま
した。その後 9 グループに縮小された市民社会は，2015 年に
日本で開催された第 3 回国連防災世界会議における障害者グ
ループの貢献の実績が認められて，HLPF では障害者グルー
プを含む 13 グループに拡張されています。

　HLPF は，世界各国の政府，国連専門機関，産業界，NGO

の代表者が「2030アジェンダ」の達成のために集まり，情報を交換し，連携する場所です。あらゆるレベルの情報アクセスの専門集団である図書館グループが形成されれば，より効率的な情報交換を求めるそれぞれのセクターと世界中の図書館との連携と協力が飛躍的に進むのではないでしょうか。

(3) 図書館のグローバルな連携

　2017年のHLPFに提出されたIFLAの年次報告書は，先進国と途上国とを比較して，インターネットを用いたオンライン教育の利用者が，途上国では人口の20％であるのに対して，先進国では7％であることを指摘しています。インターネットの普及率が低い途上国のほうがオンライン教育を利用する率が高い，というのは意外であると同時に大変重要な指摘です。また，公共Wi-Fiを活用して住民に情報アクセスを保障しようとする公共図書館の持続的な資金源として，日本でも1電話番号あたり毎月徴収されているユニバーサルサービス基金の活用を推奨している点も注目されます。

　情報アクセスにおける障害に基づく差別を解消するために，図書館が国際的に連携して取り組んだ成功事例には，デイジーの開発・普及と，それを活用して進められる「マラケシュ条約」に基づくアクセシブルな代替出版物の国際的資源共有が挙げられます。急速に進化する情報コミュニケーション技術がアクセシビリティの向上に役立つことを担保するためには，先に述べたHLPF等のグローバルな交流の場で，世界の図書館がネットワークを構成し，積極的に障害者グループをはじめとする市民社会グループ，政府，国連専門機関そしてビジネスセクターとも協力して，情報のアクセシビリティの

242

確保に貢献することが不可欠です。

(4) ユニバーサルリテラシー

　図書館の利用に障害がある人々の「いま困っていること」は，図書館のユニバーサルデザイン化の必要性とアイディアの源泉です。特に新しいサービスや技術の導入を契機に，利用者と対話を進めて「困っていること」を解決してよりよいサービスを実現するのは，最も確実に特別の調整なしに誰でも使える図書館サービスを前進させる方法です。

　出版の電子化とそれに伴うオンラインサービスの導入は，障害に基づく格差の解消という観点からは，絶対に逃がすことができないチャンスです。世界の図書館はこの課題を解決するために，障害者を含むさまざまな利用者と対話し，著者と出版者およびIT業界と対話を進め，模索を続けています。

　電子出版物には必ず読むための電子的な道具が必要です。スマートフォン，タブレット，パソコン等なんらかの道具で読むのですから，道具の急速な技術革新は，サービスに大きな影響を与えます。特に世界中で年に2億台以上売れているテレビ受像機はどの家庭にもあり，特に大画面のものは比較的長期間使われます。今，テレビ受像機は大画面化とともにインターネットに接続されて，双方向の通信ができる「スマートTV」に変わろうとしています。この技術革新は，図書館によるインターネットを介した障害者のためのアクセシブルなコンテンツの個別配信や，双方向サービスのためのインフラ整備につながる可能性があります。

　具体的には，効率的なデイジー図書の配信や，手話・字幕・副音声解説が付いたビデオのオンデマンドサービス，自宅で

受けられる遠隔サポートによる対面朗読や手話付き読み聞かせ，などが考えられます。

世界の図書館は，文書を読み書きする従来の「識字」に加えて，デジタル化された情報とネットワークを活用する力を含めた「ユニバーサルリテラシー」を普及し，すべての人の情報アクセスを支援する拠点になるための新しい模索を「2030 アジェンダ」実現の中で進めようとしているのです。

12.3 障害者サービスの将来像

(1) 障害者サービスという名称

この本では「図書館利用に障害のある人々へのサービス」を障害者サービスとしていることは，すでにおわかりかと思います。しかし，この呼び方が障害者への特別なサービス，福祉的なサービスという誤解を招いてきた1つの要因であるとも考えています。

では，ほかによい名称があるでしょうか。「ハンディキャップサービス」という図書館もありますが，外国ではあまりよい表現ではないようです。鳥取県立図書館では「はーとふるサービス」というユニークな名称をつけています。しかし，これもそのままでは内容がよくわからないという難があるように思います。IFLA では，「特別なニーズのある人々へのサービス」という言い方も使われています。

あまり長くなくて，誤解を招くことなく，わかりやすい名称をぜひみなさんも考えてみてください。

(2) 障害者サービスの対象者

　障害者サービスの対象者は誰なのか，と考えること自体が間違っているとまではいいませんが，障害者手帳を持っていなくてはだめだというような考え方はやめてください。図書館利用になんらかの障害のある人すべてが対象者なのです。

　ただ，サービス方法や資料によっては，利用できる人を限定するものがあります。盲人用録音物を無料で送ることができる対象者は誰なのか，著作権法第 37 条第 3 項で製作された資料を利用できるのは誰なのか。それらの制度を正しく運用するために，一般とは異なる利用登録や区別を必要とします。しかし，これは利用のための区別であって，利用そのものの可否を決めるものではないことに注意してください。

　さらに，図書館では，たとえば対面朗読や宅配サービスの利用対象者は誰かというような，独自のルールで運用しているサービスがあります。これらは法律や制度で縛られるものではなく，あくまでもその図書館独自のルールです。そういう意味では行う・行わないは図書館の自由なのですが，せっかく実施しているのであれば「それを必要としている人にできる限り使ってもらう」という姿勢が大切です。自分で作ったルールに縛られるようなことがあってはなりません。

　今後，発達障害などのように新たに認識される障害も，ますます増えていくものと思います。従来の利用規則で判断するのではなく，より柔軟なルールが求められます。なんらかの理由で利用に困難のある人すべてがその対象者なのです。

　ところで，今までの視覚障害者を中心とした利用者数は，わずかに減少してきています。しかし，これから高齢者や発達障害者などの新たな利用者が増えていきますので，利用者

数は増加していくことが予想されます。そうなっていかない図書館は，利用者の状況や求めるものがわかっていない，サービスになんらかの障害を抱えているともいえるかもしれません。

(3) 図書館は情報入手のための総合窓口（現状行っていること，すぐにでもできること）

① すべての市民が利用できる

図書館が真にあらゆる市民の利用を可能とするためには，障害者サービスの実施が不可欠です。そして，すべての市民が無料で利用できる情報提供施設は図書館しかありません。そこには，過去からの膨大な図書館資料が体系的に蓄積され，個人のニーズに応じて提供してくれる職員（司書）がいる。その機能を，障害者を含むあらゆる市民が利用できる環境になっていることが大切です。

② 公共図書館を基点にさまざまな施設と連携して障害者などへの情報提供を行う

図書館では従来，自治体内図書館・県内図書館・エリア内図書館・全国の図書館と連携し，資料・情報の提供を行ってきました。障害者サービスではいち早くデジタル技術を活用して，障害者サービス用資料・データの入手や提供に全国的なネットワークを用いています。

図書館を基点にさまざまな施設と連携して，そこにいる障害者などに資料・情報を提供します。また，逆にそれらの施設から資料や情報をもらい，利用者に提供します。連携できる施設には次のようなところがあります。

「視聴覚障害者情報提供施設」「地域の学校，特別支援学校・学級（学校図書館を含む）」「大学図書館（学生支援室を含む）」「高齢者施設・福祉施設・児童養護施設」「地域支援センター」「ボランティアグループ」等。

③ 多彩なサービス方法を持つ図書館

図書館の障害者サービスは，多彩できめ細かなサービス方法を持っています。資料をそのままでは利用できない人のための障害者サービス用資料としては，拡大文字資料・点字資料・音声デイジー・マルチメディアデイジー・布の絵本など，さまざまなものがあります。来館が難しい利用者には，郵送貸出・宅配サービス・団体貸出・施設入所者へのサービス・移動図書館車の運行等が考えられます。また，館内では対面朗読サービスや，使いやすい施設設備の整備のほか，拡大読書器に代表される情報支援機器を備えています。

以上のことは，今でもすぐにできることです。障害者等への情報提供の窓口となることが図書館の役割です。

(4) 障害者サービス用資料

これからの障害者サービス用資料は，アクセシブルな電子書籍を代表とする「障害者なども使える形式で販売されているもの」と，従来の「図書館などが製作する資料」の2本立てで考えていくことになります。

一日も早く，アクセシブルな電子書籍の規格が整えられ，出版社もそれを刊行するのが当たり前になってほしいと願うものです。さらに，それを入手するためのウェブサイトや図書館からの提供システムも，誰もが使いやすいものになって

いなくてはなりません。日本ではまだまだそのような状況になっていませんし，また電子書籍そのものも思うように普及しているわけではありませんが，あえて「誰でも使える情報」をコンセプトに積極的に取り組んでほしいと思います。

さらに，アクセシブルな電子書籍が普及するようになったとしても，すべてがそのように提供されるとは限りません。また，古い情報はやはり障害者などが利用できません。そこで，引き続き著作権法第 37 条第 3 項で製作する障害者サービス用資料が必要です。すべての図書館に資料製作を求めるものではありませんが，力のある図書館ではぜひ質の高い資料製作に努めてほしいと思います。

音声デイジーは，引き続き障害者サービス用資料の中心を占めると考えられますが，点字資料・布の絵本・触る絵本などの従来の資料も引き続きニーズがあります。これらは今後も，視覚障害者情報提供施設・図書館・ボランティアによる製作が行われていくでしょう。

マルチメディアデイジー・テキストデイジー・テキストデータなどのデジタル形式の資料は，徐々にアクセシブルな電子書籍フォーマットと同じものに代わっていくものと思います。事実，DAISY4 は EPUB3 とほぼ同じフォーマットになっています。再生環境の整備などでまだ少し時間がかかる状況ですが，これらの動向にも注意を払っていく必要があります。

図書館は，市販されるアクセシブルな電子書籍や資料を積極的に購入して提供します。また，著作権法第 37 条第 3 項で製作された資料を全国から入手し，それを必要な人に提供します。さらに，全国どこにもない資料を自館で製作するか，もしくは製作できるところに依頼して製作してもらえるよう

になっていればよいわけです。国立国会図書館等，国として
のビジョンと製作体制の確立が求められます。

(5)　視聴覚障害者情報提供施設，図書館協力者との連携

　今や，国立国会図書館サーチとサピエ図書館の連携が強化
され，著作権法第37条第3項で製作された全国の障害者サー
ビス用資料は，相互貸借やデータのダウンロードにより全国
で共有できる状態になっています。さらには，マラケシュ条
約により，世界の資料データが各国で使えるようになりつつ
あります。

　ところが，2017年に国立国会図書館が行った障害者サービ
ス全国実態調査を見ると，せっかくこのような優れたシステ
ムがあるのにそれらを使っていない図書館（自治体）が8割
もあることがわかりました。大変残念な状況であるといえま
す。「障害者からの依頼がないから使っていない」などの理
由を挙げる図書館もありますが，すでに述べてきているよう
に，利用は図書館からのアプローチにより生まれるものであ
り，待っていたのでは依頼はありません。

　「資料の製作は点字図書館に任せればよいのでは？」とい
う意見もあるかもしれません。しかし，点字図書館だけでは，
音声デイジーや点字資料の製作は全出版量の3割ほどが限界
です。公共図書館も，できる館は製作をしていく必要があり
ます。また，マルチメディアデイジーや布の絵本は，点字図
書館では製作しにくい資料ですので，公共図書館こそが製作
しなくてはなりません。

　ところで，この資料製作は，図書館では音訳者などの図書
館協力者が，点字図書館では音訳ボランティアなどのボラン

ティアが行っています。また，ボランティアグループによる独自の製作も行われています。しかし，この図書館協力者やボランティアにも難しい問題が起きています。それは高齢化と人数の減少です。特に，ライフスタイルの変化や経済的要因により，若い人材の確保が困難になっています。つまり，いつまでもこれらの人たちに依存できる状況ではなくなってきているのです。おそらく数年以内に，この問題への解決策を立てないといけないでしょう。なお，音訳者などの資料製作者は高い専門技術を有しています。今後も引き続き質の高い資料製作に協力いただきたいことと，ぜひ技術の継承への支援をお願いいたします。

そして，これらの問題を考える上でも，「アクセシブルな電子書籍」がどのように発展していくのか，障害者などが使いやすいIT機器類の普及がどうなるのか，ということが重要な要素です。今まで音訳・点訳されていた資料の一部がアクセシブルな電子書籍に代わります。もちろん，肉声による質の高い音訳資料も必要ですので，内容により使い分けることになるでしょう。そして，それを実現するためには，電子書籍が，AI技術の進展を背景に，誰もが簡単に使えるようになる必要があります。この分野の発展は目覚ましいものがありますので，大いに期待しているところです。

なお，聴覚障害者情報提供施設と図書館との連携は，制度上の難しい課題もあり，ほとんど行われていないのが現状です。今後関係者の努力により，協力関係が強化されることを期待します。

(6)　サービスの将来

①　利用者対応能力の強化

　従来の図書館は来館者を中心にサービスを進めてきました。障害者サービスでさえ，視覚障害者への郵送貸出が中心で，その他の障害のある利用者への対応はまだまだであると思います。発達障害者・知的障害者・認知症のある人などへの接遇の方法や注意することなどを学ぶ必要があります。さらに，入院患者・施設入所者・受刑者などへのサービスを拡大していくためには，それぞれの施設の職員との連携も欠かせません。

②　予算と制度の整備

　今後，来館が困難な人のための郵送貸出や宅配サービスへのニーズが高まることが予想されます。ところが，本書で述べてきているように，録音資料を視覚障害者以外の利用者に無料で郵送することはできません。となると，新たに図書館が予算化する必要があります。たとえば，寝たきりの人に資料を郵送するための郵送料金をどこが負担すべきなのか。図書館なのか，利用者なのか，日本郵便なのか（ここは民間企業なので現状では難しいと思いますが），それとも国なのか。どこが負担すべきなのかという明確なコンセンサスはありません。郵便制度の無料の枠を拡大するとしたら，その予算はどうするのか，検討しなくてはならないことが多くあります。

③　IT機器の進展とAIの活用

　前述のIT技術とAIの進展は，障害者を含むさまざまな人に，容易に情報入手が可能になる社会を実現してくれると期

待しています。図書館のサービスもその中に組み込まれていくのではないでしょうか。そのため，今 IT 機器が使えない利用者が多いという状況も，ここ 10 年くらいの問題なのかもしれません。現在，日常でタブレットなどを使っている人が障害者や高齢者になっても，そのままそれらの機器を使っていけるものと思います。つまり，これから十数年くらいをどのようにしようかという過渡的な課題なのかもしれません。

来館が困難な人や印刷資料がそのままでは利用できない人には，インターネットを活用したアクセシブルな電子書籍や障害者サービス用資料の提供が行われていくものと考えます。それも，簡単な操作で情報入手ができるようになるのではないでしょうか。買いたい人は購入できる，図書館から借りたい人は借りられる，そんな環境を目指しています。現状の電子書籍は，図書館からの提供を想定していないものがほとんどです。せっかく障害者なども使えるものを作るのであれば，この問題も何とかしてほしいと思います。

ところで，出版社が本当にアクセシブルな電子書籍をこぞって刊行してくれるかどうかの保証はありません。経済的に成り立つものでなければ継続が難しいからです。このあたりは，大変重要なところなのですが，図書館は進展を傍観するのではなく，むしろ積極的に必要性をアピールする立場であると考えます。人類は同じ過ちを繰り返さないように，「最初から障害者なども使える情報」を提供していかなくてはなりません。それが最も効率的で，将来を見据えた方法なのです。

これに比べると，たとえば大活字本の出版は IT 技術の向上によりずいぶん安価にできるようになってきました。高齢者を含めて大きな活字へのニーズはこれからも高いと思いま

す。積極的な出版と，それを支える図書館の購入が必要です。

　対面朗読サービスを考えてみても，スマートフォン等で読みたい本のリクエストをすれば，もしくは本の読みたいページを撮影して送ることにより，テレビ電話のようにそれを読んでもらうサービスも実現可能です。図書館まで行かなくても，読みたいものを読めるようになります。実際に読むのは合成音声でもできますし，人による説明を加えた音訳も可能です。さらに，ちょっとした文書であれば，カメラとテキスト化と合成音声技術の組み合わせにより，スイッチ1つで読み上げる装置も開発されています。

④　図書館職員の確保と人材育成

　ところで，図書館にいくら障害者サービス用資料があっても，それを並べたとしても，簡単に利用につながるわけではありません。障害者サービスを行うのは図書館職員であり，職員の資質の向上なくしてサービスの進展はありません。当たり前のことですが，司書養成科目に障害者サービスを含めること，職員研修会の充実，先進図書館の紹介と見学等への対応など，さまざまな方法で職員の資質の向上を図る必要があります。よりよい障害者サービスを実施するためには，専門知識も必要です。それを可能とする職員体制が求められます。今後，人口減少の時代を迎え，図書館のサービスや組織の統廃合がなされるかもしれません。そのようなときも，障害者サービスを行う専門職員が必要であることを主張していくことになるでしょう。

　最後に，いくらインターネットが使いやすくなり，図書館のOPACが優秀になったとしても，利用者個人でできること

には限界があります。求める情報と資料を結びつけるのは図書館職員（司書）の仕事です。個人で検索語を入力して調査をすることはできますが，より適切なキーワードがわかりません。資料・情報に詳しい職員による読書案内・情報提供が必要なのです。今後，障害者サービスにおいても，本物の司書の力が求められていると思います。

　従来から，障害者サービスでは利用者と職員の距離が近いという特徴がありました。1人の利用者に寄り添うサービスが障害者サービスです。電話による案内をはじめ，対面朗読や宅配サービスなど，きめ細かな配慮や支援を必要とするサービス。そのようなサービスも引き続き求められていくものと思います。

　障害者サービスは，個々の利用者を大切にするとても地味なサービスですが，それは国の法律や制度により格段に充実したり，世界の条約により飛躍したりするものです。つまり，世界とも結ばれているとてもダイナミックなサービスでもあります。まだまだ発展途上の障害者サービス，これから新たに始められる障害者サービス，ぜひすべての図書館ですばらしい実践を展開していってほしいと願っています。

注
1）Development and Access to Information 2017 IFLA

参考文献
　野口武悟「公共図書館におけるデジタルコレクションとデジタルサービスの位置づけ」植村八潮・柳代志夫編『ポストデジタル時代の公共図書館』勉誠出版　2017　p.127-144

参考資料1　障害者サービスを学ぶための資料

　2000年以降に刊行され，比較的入手が容易な障害者サービスを学ぶための基本的な図書を，(1)総論，(2)各論の別に紹介します。排列は，著者の五十音順になっています。

(1)　総論　障害者サービス全般を知るために

　小林卓・野口武悟共編『図書館サービスの可能性：利用に障害のある人々へのサービスその動向と分析』日外アソシエーツ 2012

　佐藤聖一『1からわかる図書館の障害者サービス：誰もが使える図書館を目指して』学文社　2015

　日本図書館協会障害者サービス委員会・著作権委員会編『障害者サービスと著作権法　第2版』(JLA図書館実践シリーズ26)日本図書館協会　印刷版, 2021　アクセシブルなEPUB版, 2021

　野口武悟・植村八潮編著『図書館のアクセシビリティ：「合理的配慮」の提供へ向けて』樹村房　2016

　山内薫『本と人をつなぐ図書館員：障害のある人，赤ちゃんから高齢者まで』読書工房　2008

(2)　各論　障害者サービスをさらに深く知り，実践するために
①　障害者サービスの実態調査

　国立国会図書館『公共図書館における障害者サービスに関する調査研究』シード・プランニング　2011（国立国会図書館のウェブサイトで全文公開）

　日本図書館協会障害者サービス委員会編『障害者サービスの今をみる：2005年障害者サービス全国実態調査（一次）報告書』日

本図書館協会　2006

②　視覚障害者へのサービス／点字図書館

近畿視覚障害者情報サービス研究協議会編『視覚障害者サービスマニュアル：情報のバリアフリーをめざす図書館のために2007』読書工房　2006

公共図書館で働く視覚障害職員の会（なごや会）編著『見えない・見えにくい人も「読める」図書館』読書工房　2009

③　聴覚障害者へのサービス

ジョン・マイケル・デイ編，日本図書館協会障害者サービス委員会聴覚障害者に対する図書館サービスを考えるグループ訳『聴覚障害者に対する図書館サービスのためのIFLA指針　第2版』日本図書館協会　2003

④　知的障害者へのサービス

国際図書館連盟特別なニーズのある人々に対する図書館サービス分科会　野村美佐子他編，日本図書館協会障害者サービス委員会監訳，日本障害者リハビリテーション協会訳『読みやすい図書のためのIFLA指針（ガイドライン）改訂版』（IFLA専門報告書第120号）日本図書館協会　2012

藤澤和子・服部敦司編著『LLブックを届ける：やさしく読める本を知的障害・自閉症のある読者へ』読書工房　2009

⑤　子どもへのサービス／学校図書館

野口武悟編著『一人ひとりの読書を支える学校図書館：特別支援教育から見えてくるニーズとサポート』読書工房　2010

野口武悟・成松一郎編著『多様性と出会う学校図書館：一人ひとりの自立を支える合理的配慮へのアプローチ』読書工房　2015

松戸宏予『学校図書館における特別支援教育のあり方：日英のフィールド調査から考える』（佛教大学研究叢書15）佛教大学

2012

　東京都立多摩図書館『特別支援学校での読み聞かせ：都立多摩図書館の実践から』（都立図書館・学校支援シリーズ）東京都立多摩図書館　2013

⑥　**高齢者へのサービス**

　溝上智恵子・呑海沙織・綿抜豊昭編著『高齢社会につなぐ図書館の役割：高齢者の知的欲求と余暇を受け入れる試み』学文社　2012

　結城俊也『パッと見てピン！動作観察で利用者支援：理学療法士による20の提案』（JLA図書館実践シリーズ 36）日本図書館協会　2017

⑦　**多文化サービス**

　国際図書館連盟多文化社会図書館サービス分科会著，深井耀子解説・編，田口瑛子訳・編『IFLA多文化社会図書館サービス』多文化サービスネットワーク　2002

　国際図書館連盟多文化社会図書館サービス分科会編，日本図書館協会多文化サービス委員会訳・解説『多文化コミュニティ：図書館サービスのためのガイドライン』日本図書館協会　2012

　日本図書館協会多文化サービス研究委員会編『多文化サービス入門』（JLA図書館実践シリーズ2）日本図書館協会　2004

⑧　**医療健康情報サービス／病院患者図書館**

　石井保志『闘病記文庫入門：医療情報資源としての闘病記の提供方法』（JLA図書館実践シリーズ17）日本図書館協会　2011

　菊池佑『病院患者図書館：患者・市民に教育・文化・医療情報を提供』出版ニュース社　2001

　健康情報棚プロジェクト編『からだと病気の情報をさがす・届ける』（UDライブラリー）読書工房　2005

国際図書館連盟ディスアドバンティジド・パーソンズ図書館分科会作業部会編，日本図書館協会障害者サービス委員会訳『IFLA病院患者図書館ガイドライン2000』日本図書館協会　2001

　日本医学図書館協会医療・健康情報ワーキンググループ編著『やってみよう図書館での医療・健康情報サービス　第3版』日本医学図書館協会　2017

⑨　**刑務所図書館**

　中根憲一『刑務所図書館：受刑者の更生と社会復帰のために』出版ニュース社　2010

⑩　**アクセシブルな情報資源の製作**

　岩田美津子『点訳絵本のつくり方　増補改訂第4版』せせらぎ出版　2015

　全国視覚障害者情報提供施設協会編『初めての点訳　第3版』（視覚障害者介護技術シリーズ1）全国視覚障害者情報提供施設協会　2019

　全国視覚障害者情報提供施設協会編『初めての音訳　第2版』（視覚障害者介護技術シリーズ2）全国視覚障害者情報提供施設協会　2013

　山内薫『あなたにもできる拡大写本入門：広げよう大きな字』大活字　1998

⑪　**アクセシブルな情報資源の出版**

　公共図書館で働く視覚障害職員の会（なごや会）編『本のアクセシビリティを考える：著作権・出版権・読書権の調和をめざして』（UDライブラリー）読書工房　2004

　出版UD研究会編『出版のユニバーサルデザインを考える：だれでも読める・楽しめる読書環境をめざして』（UDライブラリー）読書工房　2006

日本盲人社会福祉施設協議会情報サービス部会編『障害者の読書と電子書籍：見えない，見えにくい人の「読む権利」を求めて』小学館　2015

松原聡編著『電子書籍アクセシビリティの研究：視覚障害者等への対応からユニバーサルデザインへ』東洋大学出版会　2017

図書館等のためのわかりやすい資料提供ガイドライン作成委員会編，日本図書館協会障害者サービス委員会監修『図書館等のためのわかりやすい資料提供ガイドライン』日本障害者リハビリテーション協会　2017

参考資料2　障害者サービス関係声明

(1)　「視覚障害者の読書環境整備を（図書館協会会員に訴える）」（抜粋）

1971 年 11 月 19 日全国図書館大会

視覚障害者読書権保障協議会

●はじめに

　人間の情報摂取は，80％が視覚からと言われていますが，視覚障害者は視覚が欠陥しているが故に，晴眼者と同じように情報を摂取することは，極めて困難な状況におかれています。そこで私達は情報源として大きな部分を占めている読書の環境を整備することによって，人間が生存していくうえに不可欠な「知る」という権利を獲得していこうと考え，また読書環境の整備は国や地方自治体の責任においてなされるべきだという方向で，運動を展開しています。　（中略）

[Ⅱ　視覚障害者の読書環境整備に関する我々の考え]

　現代情報化社会では文字を中心とした情報に接することが，人間の文化生活を維持発展させるためには不可欠な条件である。それ故に，このことは基本的人権−生存権−の一部である。しかし視覚障害者は，その身体的条件のゆえにこの文化生活を維持発展させるための不可欠な条件を有し得ない状態におかれている。この身体的条件をカバーする作業（点字や音にかえる）が十分になされなければ，視覚障害者の文化生活は保障されない。ところがこれは現状ではⅠで述べたように，極めて貧弱である。国及び地方公共団体が国民の人権を保障する義務があるとするならば，視覚障害者の読書する権利も当然保障していかなければならない。憲法は 25 条で文化的生活を営む権利を，23 条では学問の自由を

保障している。さらに具体的には，図書館法でその2条に「図書館は図書資料を一般公衆の利用に供し，その教養，調査研究，レクリエーション等に資することを目的とする施設」であることを規定している。以上のことからすると，視覚障害者も一般公衆として図書館を利用する権利を有する。ところが図書館法には，視覚障害者に対するサービスの内容に着いては全然触れられていない。　　（中略）

人間が文化生活を営む上での基本的行為である。したがって視覚障害者の読書に関する行政サービスは，社会福祉行政（厚生省所管）の範ちゅうではなく，文化行政，社会教育行政（文部省所管）の範ちゅうで，具体的には公共図書館を中心に行なうべきであると考える。対象が視覚障害者であること，図書の形態が特殊であるということから，公共図書館を利用できないということに対し，一般公衆である我々視覚障害者は大なる矛盾を感じるのである。すなわちⅠで述べたような貧弱な読書環境にある我々は，それから比べれば圧倒的に蔵書数の多い公共図書館に，一般公衆として読書欲のはけ口を求めたいのである。それには視覚障害者の読書環境の整備に公共図書館が本来的役割の一環としての積極的，全面的に取り組んでもらうことを期待する以外にないと考えている。

[Ⅲ　さしあたって我々が公共図書館に期待するもの]

　　（中略）

●我々が提案する具体的なサービス方法

　日比谷図書館のところでも述べたが，我々の言わんとするところは，①社会教育行政の範ちゅうでやってほしいこと，②点訳，朗読料は公費負担にすること，の2点であり，具体的な方法や規模については各々の図書館の事情，その地域の視覚障害者の要求に応じた方法がとられればよいわけであるが，最低これだけは行

ってほしいというものを以下に列挙してみる。

　①有料の点訳，朗読者によって蔵書を作成し，その報酬は公費負担とすること。

　②録音室，閲覧室など視覚障害者のための設備と場所をとってほしい。

　③視覚障害者が図書館を訪れた場合，図書検索を援助し，朗読することを司書の業務として欲しい。

　④図書館サービスの一環として，視覚障害者にも公共図書館の活用についての宣伝をしてほしい。

　なお，全国の中央図書館としての機能を持つ国立国会図書館に対して，1971 年 8 月，サービスの方法，設備，職員等，及びそれに要する経費の概算までの詳細を提案してあるので，将来は国会図書館との関連も考慮してほしい。　　（以下略）

『図書館雑誌』1972 年 3 月号に全文掲載

(2) 「図書館利用における障害者差別の解消に関する宣言」

2015 年 12 月 18 日

公益社団法人日本図書館協会

　2016 年 4 月 1 日に予定される「障害を理由とする差別の解消の推進に関する法律」（障害者差別解消法）の施行を控え，

・国際障害者年（1981 年）の全国図書館大会（埼玉大会）全体会における「著作権問題の解決を求める決議」とその後の著作権法改正活動を含む図書館利用に障害がある人々へのサービス（障害者サービス）の発展を回顧し，

・障害者の権利に関する条約（障害者権利条約）が，その第二十一条で締約国に「障害者に対し，様々な種類の障害に相応した利用しやすい様式及び機器により，適時に，かつ，追加の費用

を伴わず，一般公衆向けの情報を提供すること」を求めていることに特に留意するとともに，障害者との意思疎通に努め，

・全国のすべての図書館と図書館職員が，合理的配慮の提供と必要な環境整備とを通じて，図書館利用における障害者差別の解消に，利用者と手を携えて取り組むことを宣言する。

（この宣言は，2015年第101回全国図書館大会（東京大会）障害者サービス分科会に提案し参加者に承認されたものである。日本図書館協会ではこれを協会宣言として発表し，全国のあらゆる図書館及びその職員に対し，障害者権利条約でいう合理的配慮の提供と基礎的環境整備を行うことで，図書館利用における障害者差別の解消，つまりすべての人が利用できる図書館に図書館自らが変わるべきことを求める。）

参考資料 3　障害者サービス関係年表

1880（明治 13）年

---- 宣教医ヘンリー・フォールズ，盲人用図書室を築地病院内に開設。凸字図書を所蔵，提供。

1890（明治 23）年

11 月　石川倉次翻案の日本点字が採用（1901 年に「日本訓盲点字」として官報掲載）。

1909（明治 42）年

1 月　名古屋盲人会が盲人図書館設置。

1916（大正 5）年

9 月　東京市立本郷図書館に「点字文庫」開設。

1919（大正 8）年

7 月　新潟県立図書館に「盲人用閲覧室」開設。これ以降，「点字文庫」や「盲人用閲覧室」を設ける公共図書館が広がり始める。

1922（大正 11）年

5 月　点字新聞『点字大阪毎日』創刊。

1933（昭和 8）年

5 月　第 27 回全国図書館大会にて「点字図書及盲人閲覧者の取扱」討議される。

1935（昭和 10）年

3 月　東京盲学校に学校図書館の独立棟が完成。地域の視覚障害者にも開放。

10 月　岩橋武夫がライトハウス会館建設。

1938（昭和 13）年

6 月　日本におけるトーキングブック（読本器）の完成。

1940（昭和 15）年

11 月　本間一夫が日本盲人図書館創設。

1949（昭和 24）年

12 月　点字図書館を規定する「身体障害者福祉法」制定。

1950（昭和 25）年

4 月　「図書館法」制定。

1953（昭和 28）年

8 月　「学校図書館法」制定。盲学校・ろう学校・養護学校（現，
　　　特別支援学校）にも学校図書館の設置を義務化。

1961（昭和 36）年

5 月　「郵便法」改正され，盲人用郵便物が無料化される。

1967（昭和 42）年

---- 　「盲学生図書館 SL」結成。

1969（昭和 44）年

---- 　日本盲大学生会等が東京都立日比谷図書館と国立国会図
　　　書館に対して開放運動を行う。

1970（昭和 45）年

4 月　東京都立日比谷図書館が対面朗読サービス等を開始。

5 月　「著作権法」改正され，第 37 条（点字による複製等）等
　　　を新たに規定。

6 月　「視覚障害者読書権保障協議会」（視読協）結成。

1971（昭和 46）年

11 月　視読協，第 57 回全国図書館大会（岐阜）にて「図書館協
　　　会会員に訴える－視覚障害者の読書環境整備を」とアピー
　　　ル。

1973（昭和 48）年

11 月　北海道小樽市に身体障害児のための「ふきのとう文庫」

開設。

1974（昭和 49）年

2 月　『図書館雑誌』で初めて「障害者サービス」が特集される。

4 月　「近畿点字図書館研究協議会」（近点協）発足。

11 月　第 60 回全国図書館大会（東京）にて初めて「身体障害者
　　　　への図書館サービス」分科会設けられる。

1975（昭和 50）年

1 月　公共図書館における録音図書製作が日本文芸著作権保護
　　　　同盟から著作権侵害と指摘される（著作権問題の始まり）。

10 月　国立国会図書館，「学術文献録音サービス」開始。

1976（昭和 51）年

1 月　身体障害者用書籍小包制度（現，心身障害者用ゆうメー
　　　　ル）開始。

1977（昭和 52）年

5 月　第 1 回著作権問題シンポジウム「公開講座・読書と人権
　　　　－視覚障害者の場合にかかわって」（視読協等主催）開催。

1978（昭和 53）年

4 月　日本図書館協会，「障害者サービス委員会」設置。

10 月　「視覚障害者の読書環境をよくする会」（大阪）結成。

1979（昭和 54）年

2 月　日本図書館協会障害者サービス委員会，「録音サービス実
　　　　態調査」実施。

8 月　国際図書館連盟盲人図書館会議（IFLA/ RTLB）発足。第
　　　　1 回コペンハーゲン会議にて「著作権に関する決議」採択。

1980（昭和 55）年

5 月　日本図書館協会の出版物に「事前に協会事務局に連絡す
　　　　ることを条件に，視覚障害者のための，録音及び拡大写本

の複製を許諾する。但し，営利を目的とするものは除く」
を表示。

1981（昭和 56）年

---- 国際障害者年。

1 月　大阪に視覚障害児のための「わんぱく文庫」開設。

8 月　日本図書館協会障害者サービス委員会と IFLA/ RTLB と
の交流始まる。

10 月　第 67 回全国図書館大会（埼玉）にて「著作権問題解決に
向けての決議」採択。

11 月　全国点字図書館長会議，「点字・録音・拡大資料の相互貸
借に関する申し合せ」決議。

1982（昭和 57）年

2 月　聴力障害者情報文化センター（東京），「字幕・手話付きビ
デオテープ」の貸出開始。

3 月　国立国会図書館，「点字図書・録音図書全国総合目録」創
刊。

4 月　「さわる絵本連絡協議会」発足。

1983（昭和 58）年

2 月　「おもちゃ図書館全国連絡協議会」発足。

1984（昭和 59）年

5 月　日本図書館協会障害者サービス委員会に「聴覚障害者に
対する図書館サービスを考えるワーキンググループ」発足。

1986（昭和 61）年

3 月　近点協，製作資料の着手情報システム（NLB）開始。

8 月　IFLA 東京大会開催。

1987（昭和 62）年

7 月　点訳絵本／点訳データ入り FD の郵送料を無料化。

1988（昭和 63）年

9 月　点訳オンラインデータベース「てんやく広場」開始。

10 月　衆参両院の文教委員会で「視聴覚障害者等の障害者が，公表された著作物を適切公正に利用することができる方途を検討すること」との付帯決議採択。

10 月　第 74 回全国図書館大会（多摩）にて「障害者に関わる著作権問題解決に向けての決議」採択。

1989（昭和 64 ／平成元年）

9 月　「公共図書館で働く視覚障害職員の会」（なごや会）発足。

11 月　聴覚障害者用小包郵便物制度（現，聴覚障害者用ゆうパック）開始。

1990（平成 2）年

----　国際識字年。

6 月　「身体障害者福祉法」改正され，第 34 条に規定する点字図書館を視覚障害者情報提供施設に変更。また，聴覚障害者情報提供施設を新設。

1991（平成 3）年

1 月　東京で「IFLA アジア視覚障害者サービスセミナー」開催。

5 月　日本図書館協会障害者サービス委員会に「多文化・識字ワーキンググループ」発足。

7 月　図書館と在住外国人をむすぶ会（むすびめの会）発足。

1992（平成 4）年

10 月　「EYE マーク・音声訳推進協議会」発足。

1993（平成 5）年

12 月　「障害者基本法」制定。

1994（平成 6）年

6 月　「高齢者，身体障害者等が円滑に利用できる特定建築物

268

の建築の促進に関する法律」（ハートビル法）制定。

1995（平成 7）年

10 月　第 81 回全国図書館大会（新潟）にて「患者への図書館サービスの推進拡充を求めるアッピール」採択。

1996（平成 8）年

5 月　DAISY（Digital Audio-based Information System）コンソーシアム設立。

9 月　国立大学図書館協議会が全国の国立大学図書館を対象とした障害者サービスの実態調査を実施。

10 月　近点協，「近畿視覚障害者情報サービス研究協議会」に名称変更。

10 月　日本図書館協会，図書館員選書の 1 冊として『障害者サービス』を刊行。

1997（平成 9）年

8 月　IFLA 盲人図書館専門家会議，デイジーをデジタル録音図書の国際標準に決める。

1998（平成 10）年

4 月　視読協解散。

9 月　「てんやく広場」を「ないーぶネット」に改称。

10 月　「障害者放送協議会」結成。

1999（平成 11）年

----　国際高齢者年。

1 月　日本図書館協会，「DAISY 利用促進ワーキンググループ」設置。

2000（平成 12）年

3 月　国立国会図書館，視覚障害者情報提供施設（点字図書館）を図書館間貸出対象館に追加。

2001（平成 13）年

1 月　改正「著作権法」施行され，点字データの公衆送信権の制限と聴覚障害者のためのリアルタイム送信が認められる。

4 月　「ないーぶネット」がインターネットサービスを開始。

7 月　文部科学省，「公立図書館の設置及び運営上の望ましい基準」告示，「障害者サービス」が明記される。

11 月　DAISY コンソーシアムがデイジーの正式名称を「Digital Audio-based Information System」から「Digital Accessible Information System」に変更。

2002（平成 14）年

10 月　日本で開催された「アジア太平洋障害者の 10 年」最終年記念フォーラム等において，日本図書館協会，全国視覚障害者情報提供施設協会（全視情協），なごや会の 3 団体共同による「障害者の情報アクセス権と著作権問題の解決を求める声明」をアピール。

2003（平成 15）年

1 月　国立国会図書館，「点字図書・録音図書全国総合目録検索」をインターネット公開。

1 月　文化庁，著作物の自由利用マークを発表。

2004（平成 16）年

4 月　録音図書配信システム「びぶりおネット」を日本点字図書館と日本ライトハウス盲人情報文化センターが開始。

4 月　日本図書館協会と日本文藝家協会により「公共図書館等における音訳資料作成の一括許諾に関する協定書」，「障害者用音訳資料利用ガイドライン」公表。

2005（平成 17）年

4 月　日本図書館協会障害者サービス委員会，「公共図書館の障

害者サービスにおける資料の変換に係わる図書館協力者導入のためのガイドライン－図書館と対面朗読者，点訳・音訳等の資料製作者との関係」策定，公表。

2006（平成 18）年

12 月　第 61 回国連総会にて「障害者の権利に関する条約」採択。

12 月　「高齢者，障害者等の移動等の円滑化の促進に関する法律」（バリアフリー新法）施行。

2008（平成 20）年

6 月　「障害のある児童及び生徒のための教科用特定図書等の普及の促進等に関する法律」（教科書バリアフリー法）制定。

2010（平成 22）年

---- 　国民読書年。超党派で「読書バリアフリー法」（仮）を制定する動きあるも，実現せず。

1 月　改正「著作権法」施行され，第 37 条第 3 項（視覚障害者等のための複製等）等が規定。

2 月　日本図書館協会等，「図書館の障害者サービスにおける著作権法第 37 条第 3 項に基づく著作物の複製等に関するガイドライン」策定，公表。

4 月　「ないーぶネット」が「サピエ」に移行。

5 月　伊藤忠記念財団，第 1 回「読書バリアフリー研究会」を開催。以降，毎年，全国の都道府県立図書館等を会場に開催。

2011（平成 21）年

3 月　国立国会図書館，「公共図書館における障害者サービスに関する調査研究」の成果を公表。

9 月　「びぶりおネット」が「サピエ」に統合。

10 月　日本図書館協会等，「録音（DAISY）資料製作に関する

全国基準」策定，公表。

2012（平成 24）年

12 月　文部科学省，「図書館の設置及び運営上の望ましい基準」
を告示（2001 年告示の基準を改正）。「対面朗読」が「図書
館資料等の代読サービス」という表記に変更される。

2013（平成 25）年

6 月　世界知的所有権機関（WIPO），「マラケシュ条約」採択。

2014（平成 26）年

1 月　日本政府，「障害者の権利に関する条約」批准。

1 月　国立国会図書館，「視覚障害者等用データ送信サービス」
開始。

6 月　「サピエ」と国立国会図書館「視覚障害者等用データ送信
サービス」との相互利用開始。

2015（平成 27）年

12 月　日本図書館協会，「図書館利用における障害者差別の解
消に関する宣言」発表。

2016（平成 28）年

3 月　日本図書館協会，「図書館における障害を理由とする差別
の解消の推進に関するガイドライン」策定，公表。

4 月　「障害を理由とする差別の解消の推進に関する法律」（障
害者差別解消法）施行。行政機関等（図書館を含む）に障
害者への合理的配慮の提供を義務化。

11 月　日本図書館協会障害者サービス委員会，「JLA 障害者差
別解消法ガイドラインを活用した図書館サービスのチェッ
クリスト」発表。

2018（平成 30）年

8 月　国立国会図書館，「公共図書館における障害者サービスに
　　　関する調査研究」の成果を公表（2011 年 3 月以来 7 年ぶり）。

10 月　日本政府，マラケシュ条約への加入書を WIPO に提出。

2019（平成 31 ／令和元）年

1 月　改正「著作権法」施行。第 37 条第 3 項の対象に上肢障害
　　　者などを含めた。

1 月　日本においてマラケシュ条約が発効。

6 月　「視覚障害者等の読書環境の整備の推進に関する法律」
　　　（読書バリアフリー法）制定・施行。

2020（令和 2）年

7 月　国の「視覚障害者等の読書環境の整備の推進に関する基
　　　本的な計画」（読書バリアフリー基本計画）策定・公表。

参考資料4　障害者サービス関係法規（抄）

1. 視覚障害者等の読書環境の整備の推進に関する法律（略称：読書バリアフリー法）（抄）
2. 障害者の権利に関する条約（平成26年条約第1号）（抄）
3. 障害を理由とする差別の解消の推進に関する法律（略称：障害者差別解消法）（平成25年法律第65号）（抄）
4. 著作権法（昭和45年5月6日法律第48号）（抄）
5. 著作権法施行令（昭和45年12月10日政令第335号）（抄）
6. 盲人，視覚障害者その他の印刷物の判読に障害のある者が発行された著作物を利用する機会を促進するためのマラケシュ条約（略称：視覚障害者等による著作物の利用機会促進マラケシュ条約）（第196回国会条約第1号）（抄）

1. 視覚障害者等の読書環境の整備の推進に関する法律（略称：読書バリアフリー法）（令和元年法律第49号）（抄）

第1章　総則

（目的）

第1条　この法律は，視覚障害者等の読書環境の整備の推進に関し，基本理念を定め，並びに国及び地方公共団体の責務を明らかにするとともに，基本計画の策定その他の視覚障害者等の読書環境の整備の推進に関する施策の基本となる事項を定めること等により，視覚障害者等の読書環境の整備を総合的かつ計画的に推進し，もって障害の有無にかかわらず全ての国民が等しく読書を通じて文字・活字文化（文字・活字文化振興法（平成17年法律第91号）第2条に規定する文字・活字文化をいう。）の恵沢を享受することができる社会の実現に寄与することを目

的とする。

（定義）

第2条 この法律において「視覚障害者等」とは，視覚障害，発達障害，肢体不自由その他の障害により，書籍（雑誌，新聞その他の刊行物を含む。以下同じ。）について，視覚による表現の認識が困難な者をいう。

2 この法律において「視覚障害者等が利用しやすい書籍」とは，点字図書，拡大図書その他の視覚障害者等がその内容を容易に認識することができる書籍をいう。

3 この法律において「視覚障害者等が利用しやすい電子書籍等」とは，電子書籍その他の書籍に相当する文字，音声，点字等の電磁的記録（電子的方式，磁気的方式その他の人の知覚によっては認識することができない方式で作られる記録をいう。第11条第2項及び第12条第2項において同じ。）であって，電子計算機等を利用して視覚障害者等がその内容を容易に認識することができるものをいう。

（基本理念）

第3条 視覚障害者等の読書環境の整備の推進は，次に掲げる事項を旨として行われなければならない。

一 視覚障害者等が利用しやすい電子書籍等が視覚障害者等の読書に係る利便性の向上に著しく資する特性を有することに鑑み，情報通信その他の分野における先端的な技術等を活用した視覚障害者等が利用しやすい電子書籍等の普及が図られるとともに，視覚障害者等の需要を踏まえ，引き続き，視覚障害者等が利用しやすい書籍が提供されること。

二 視覚障害者等が利用しやすい書籍及び視覚障害者等が利用しやすい電子書籍等（以下「視覚障害者等が利用しやすい書

籍等」という。）の量的拡充及び質の向上が図られること。

三　視覚障害者等の障害の種類及び程度に応じた配慮がなされること。

（国の責務）

第4条　国は，前条の基本理念にのっとり，視覚障害者等の読書環境の整備の推進に関する施策を総合的に策定し，及び実施する責務を有する。

（地方公共団体の責務）

第5条　地方公共団体は，第3条の基本理念にのっとり，国との連携を図りつつ，その地域の実情を踏まえ，視覚障害者等の読書環境の整備の推進に関する施策を策定し，及び実施する責務を有する。

（財政上の措置等）

第6条　政府は，視覚障害者等の読書環境の整備の推進に関する施策を実施するため必要な財政上の措置その他の措置を講じなければならない。

第2章　基本計画等

（基本計画）

第7条　文部科学大臣及び厚生労働大臣は，視覚障害者等の読書環境の整備の推進に関する施策の総合的かつ計画的な推進を図るため，視覚障害者等の読書環境の整備の推進に関する基本的な計画（以下この章において「基本計画」という。）を定めなければならない。

2　基本計画は，次に掲げる事項について定めるものとする。

一　視覚障害者等の読書環境の整備の推進に関する施策についての基本的な方針

二　視覚障害者等の読書環境の整備の推進に関し政府が総合的

かつ計画的に講ずべき施策

三　前二号に掲げるもののほか，視覚障害者等の読書環境の整備の推進に関する施策を総合的かつ計画的に推進するために必要な事項

3　文部科学大臣及び厚生労働大臣は，基本計画を策定しようとするときは，あらかじめ，経済産業大臣，総務大臣その他の関係行政機関の長に協議しなければならない。

4　文部科学大臣及び厚生労働大臣は，基本計画を策定しようとするときは，あらかじめ，視覚障害者等その他の関係者の意見を反映させるために必要な措置を講ずるものとする。

5　文部科学大臣及び厚生労働大臣は，基本計画を策定したときは，遅滞なく，これをインターネットの利用その他適切な方法により公表しなければならない。

6　前三項の規定は，基本計画の変更について準用する。

（地方公共団体の計画）

第8条　地方公共団体は，基本計画を勘案して，当該地方公共団体における視覚障害者等の読書環境の整備の状況等を踏まえ，当該地方公共団体における視覚障害者等の読書環境の整備の推進に関する計画を定めるよう努めなければならない。

2〜4〔略〕

第3章　基本的施策

（視覚障害者等による図書館の利用に係る体制の整備等）

第9条　国及び地方公共団体は，公立図書館，大学及び高等専門学校の附属図書館並びに学校図書館（以下「公立図書館等」という。）並びに国立国会図書館について，各々の果たすべき役割に応じ，点字図書館とも連携して，視覚障害者等が利用しやすい書籍等の充実，視覚障害者等が利用しやすい書籍等の円滑な

利用のための支援の充実その他の視覚障害者等によるこれらの図書館の利用に係る体制の整備が行われるよう，必要な施策を講ずるものとする。

2　国及び地方公共団体は，点字図書館について，視覚障害者等が利用しやすい書籍等の充実，公立図書館等に対する視覚障害者等が利用しやすい書籍等の利用に関する情報提供その他の視覚障害者等が利用しやすい書籍等を視覚障害者が十分かつ円滑に利用することができるようにするための取組の促進に必要な施策を講ずるものとする。

（インターネットを利用したサービスの提供体制の強化）

第 10 条　国及び地方公共団体は，視覚障害者等がインターネットを利用して全国各地に存する視覚障害者等が利用しやすい書籍等を十分かつ円滑に利用することができるようにするため，次に掲げる施策その他の必要な施策を講ずるものとする。

一　点字図書館等から，著作権法（昭和 45 年法律第 48 号）第 37 条第 2 項又は第 3 項本文の規定により製作される視覚障害者等が利用しやすい電子書籍等（以下「特定電子書籍等」という。）であってインターネットにより送信することができるもの及び当該点字図書館等の有する視覚障害者等が利用しやすい書籍等に関する情報の提供を受け，これらをインターネットにより視覚障害者等に提供する全国的なネットワークの運営に対する支援

二　視覚障害者等が利用しやすい書籍等に係るインターネットを利用したサービスの提供についての国立国会図書館，前号のネットワークを運営する者，公立図書館等，点字図書館及び特定電子書籍等の製作を行う者の間の連携の強化

（特定書籍及び特定電子書籍等の製作の支援）

第 11 条 国及び地方公共団体は，著作権法第 37 第 1 項又は第 3 項本文の規定により製作される視覚障害者等が利用しやすい書籍（以下「特定書籍」という。）及び特定電子書籍等の製作を支援するため，製作に係る基準の作成等のこれらの質の向上を図るための取組に対する支援その他の必要な施策を講ずるものとする。

2　国は，特定書籍及び特定電子書籍等の効率的な製作を促進するため，出版を行う者（次条及び第 18 条において「出版者」という。）からの特定書籍又は特定電子書籍等の製作を行う者に対する書籍に係る電磁的記録の提供を促進するための環境の整備に必要な支援その他の必要な施策を講ずるものとする。

（視覚障害者等が利用しやすい電子書籍等の販売等の促進等）

第 12 条 国は，視覚障害者等が利用しやすい電子書籍等の販売等が促進されるよう，技術の進歩を適切に反映した規格等の普及の促進，著作権者と出版者との契約に関する情報提供その他の必要な施策を講ずるものとする。

2　国は，書籍を購入した視覚障害者等からの求めに応じて出版者が当該書籍に係る電磁的記録の提供を行うことその他の出版者からの視覚障害者等に対する書籍に係る電磁的記録の提供を促進するため，その環境の整備に関する関係者間における検討に対する支援その他の必要な施策を講ずるものとする。

（外国からの視覚障害者等が利用しやすい電子書籍等の入手のための環境の整備）

第 13 条 国は，視覚障害者等が，盲人，視覚障害者その他の印刷物の判読に障害のある者が発行された著作物を利用する機会を促進するためのマラケシュ条約の枠組みに基づき，視覚障害者等が利用しやすい電子書籍等であってインターネットにより送信

することができるものを外国から十分かつ円滑に入手することができるよう、その入手に関する相談体制の整備その他のその入手のための環境の整備について必要な施策を講ずるものとする。

（端末機器等及びこれに関する情報の入手の支援）

第14条 国及び地方公共団体は、視覚障害者等が利用しやすい電子書籍等を利用するための端末機器等及びこれに関する情報を視覚障害者等が入手することを支援するため、必要な施策を講ずるものとする。

（情報通信技術の習得支援）

第15条 国及び地方公共団体は、視覚障害者等が利用しやすい電子書籍等を利用するに当たって必要となる情報通信技術を視覚障害者等が習得することを支援するため、講習会及び巡回指導の実施の推進その他の必要な施策を講ずるものとする。

（人材の育成等）

第17条 国及び地方公共団体は、特定書籍及び特定電子書籍等の製作並びに公立図書館等、国立国会図書館及び点字図書館における視覚障害者等が利用しやすい書籍等の円滑な利用のための支援に係る人材の育成、資質の向上及び確保を図るため、研修の実施の推進、広報活動の充実その他の必要な施策を講ずるものとする。

第4章　協議の場等

第18条 国は、視覚障害者等の読書環境の整備の推進に関する施策の効果的な推進を図るため、文部科学省、厚生労働省、経済産業省、総務省その他の関係行政機関の職員、国立国会図書館、公立図書館等、点字図書館、第10条第1号のネットワークを運営する者、特定書籍又は特定電子書籍等の製作を行う者、出版者、視覚障害者等その他の関係者による協議の場を設けることそ

の他関係者の連携協力に関し必要な措置を講ずるものとする。

2. 障害者の権利に関する条約（平成 26 年条約第 1 号）（抄）

第 2 条　定義

この条約の適用上，

「意思疎通」とは，言語，文字の表示，点字，触覚を使った意思疎通，拡大文字，利用しやすいマルチメディア並びに筆記，音声，平易な言葉，朗読その他の補助的及び代替的な意思疎通の形態，手段及び様式（利用しやすい情報通信機器を含む。）をいう。

「言語」とは，音声言語及び手話その他の形態の非音声言語をいう。

「障害に基づく差別」とは，障害に基づくあらゆる区別，排除又は制限であって，政治的，経済的，社会的，文化的，市民的その他のあらゆる分野において，他の者との平等を基礎として全ての人権及び基本的自由を認識し，享有し，又は行使することを害し，又は妨げる目的又は効果を有するものをいう。障害に基づく差別には，あらゆる形態の差別（合理的配慮の否定を含む。）を含む。

「合理的配慮」とは，障害者が他の者との平等を基礎として全ての人権及び基本的自由を享有し，又は行使することを確保するための必要かつ適当な変更及び調整であって，特定の場合において必要とされるものであり，かつ，均衡を失した又は過度の負担を課さないものをいう。

「ユニバーサルデザイン」とは，調整又は特別な設計を必要とすることなく，最大限可能な範囲で全ての人が使用することのできる製品，環境，計画及びサービスの設計をいう。ユニバーサルデザインは，特定の障害者の集団のための補装具が必要な場合には，これを排除するものではない。

第9条　施設及びサービス等の利用の容易さ

1　締約国は，障害者が自立して生活し，及び生活のあらゆる側面に完全に参加することを可能にすることを目的として，障害者が，他の者との平等を基礎として，都市及び農村の双方において，物理的環境，輸送機関，情報通信（情報通信機器及び情報通信システムを含む。）並びに公衆に開放され，又は提供される他の施設及びサービスを利用する機会を有することを確保するための適当な措置をとる。この措置は，施設及びサービス等の利用の容易さに対する妨げ及び障壁を特定し，及び撤廃することを含むものとし，特に次の事項について適用する。

(a)　建物，道路，輸送機関その他の屋内及び屋外の施設（学校，住居，医療施設及び職場を含む。）

(b)　情報，通信その他のサービス（電子サービス及び緊急事態に係るサービスを含む。）

2　締約国は，また，次のことのための適当な措置をとる。

(a)　公衆に開放され，又は提供される施設及びサービスの利用の容易さに関する最低基準及び指針を作成し，及び公表し，並びに当該最低基準及び指針の実施を監視すること。

(b)　公衆に開放され，又は提供される施設及びサービスを提供する民間の団体が，当該施設及びサービスの障害者にとっての利用の容易さについてあらゆる側面を考慮することを確保すること。

(c)　施設及びサービス等の利用の容易さに関して障害者が直面する問題についての研修を関係者に提供すること。

(d)　公衆に開放される建物その他の施設において，点字の表示及び読みやすく，かつ，理解しやすい形式の表示を提供すること。

(e)　公衆に開放される建物その他の施設の利用の容易さを促進するため，人又は動物による支援及び仲介する者（案内者，朗読者及び専門の手話通訳を含む。）を提供すること。

(f)　障害者が情報を利用する機会を有することを確保するため，障害者に対する他の適当な形態の援助及び支援を促進すること。

(g)　障害者が新たな情報通信機器及び情報通信システム（インターネットを含む。）を利用する機会を有することを促進すること。

(h)　情報通信機器及び情報通信システムを最小限の費用で利用しやすいものとするため，早い段階で，利用しやすい情報通信機器及び情報通信システムの設計，開発，生産及び流通を促進すること。

第21条　表現及び意見の自由並びに情報の利用の機会

締約国は，障害者が，第2条に定めるあらゆる形態の意思疎通であって自ら選択するものにより，表現及び意見の自由（他の者との平等を基礎として情報及び考えを求め，受け，及び伝える自由を含む。）についての権利を行使することができることを確保するための全ての適当な措置をとる。この措置には，次のことによるものを含む。

(a)　障害者に対し，様々な種類の障害に相応した利用しやすい様式及び機器により，適時に，かつ，追加の費用を伴わず，一般公衆向けの情報を提供すること。

(b)　公的な活動において，手話，点字，補助的及び代替的な意思疎通並びに障害者が自ら選択する他の全ての利用しやすい意思疎通の手段，形態及び様式を用いることを受け入れ，及び容易にすること。

(c) 一般公衆に対してサービス（インターネットによるもの
を含む。）を提供する民間の団体が情報及びサービスを障害
者にとって利用しやすい又は使用可能な様式で提供するよう
要請すること。

(d) マスメディア（インターネットを通じて情報を提供する
者を含む。）がそのサービスを障害者にとって利用しやすい
ものとするよう奨励すること。

(e) 手話の使用を認め，及び促進すること。

第30条　文化的な生活，レクリエーション，余暇及びスポーツへの参加

1　締約国は，障害者が他の者との平等を基礎として文化的な生
活に参加する権利を認めるものとし，次のことを確保するため
の全ての適当な措置をとる。

(a)・(b)　〔略〕

(c) 障害者が，文化的な公演又はサービスが行われる場所（例
えば，劇場，博物館，映画館，図書館，観光サービス）を利
用する機会を有し，並びに自国の文化的に重要な記念物及び
場所を享受する機会をできる限り有すること。

2・3　〔略〕

4　障害者は，他の者との平等を基礎として，その独自の文化的及
び言語的な同一性（手話及び聾文化を含む。）の承認及び支持を
受ける権利を有する。

5　〔略〕

3. 障害を理由とする差別の解消の推進に関する法律（略称：障害者差別解消法）（平成 25 年法律第 65 号）（抄）

* 令和 3 年 6 月 4 日改正法の条文。改正法の施行日は，公布から 3 年を超

えない範囲で政令で定めるものとしている。

（定義）

第2条 この法律において，次の各号に掲げる用語の意義は，それぞれ当該各号に定めるところによる。

一　障害者　身体障害，知的障害，精神障害（発達障害を含む。）その他の心身の機能の障害（以下「障害」と総称する。）がある者であって，障害及び社会的障壁により継続的に日常生活又は社会生活に相当な制限を受ける状態にあるものをいう。

二　社会的障壁　障害がある者にとって日常生活又は社会生活を営む上で障壁となるような社会における事物，制度，慣行，観念その他一切のものをいう。

三　行政機関等　国の行政機関，独立行政法人等，地方公共団体（地方公営企業法（昭和27年法律第292号）第3章の規定の適用を受ける地方公共団体の経営する企業を除く。第7号，第10条及び附則第4条第1項において同じ。）及び地方独立行政法人をいう。

四～六　〔略〕

七　事業者　商業その他の事業を行う者（国，独立行政法人等，地方公共団体及び地方独立行政法人を除く。）をいう。

（国及び地方公共団体の責務）

第3条 国及び地方公共団体は，この法律の趣旨にのっとり，障害を理由とする差別の解消の推進に関して必要な施策を策定し，及びこれを実施しなければならない。

2　国及び地方公共団体は，障害を理由とする差別の解消の推進に関して必要な施策の効率的かつ効果的な実施が促進されるよう，適切な役割分担を行うとともに，相互に連携を図りながら協力しなければならない。

（社会的障壁の除去の実施についての必要かつ合理的な配慮に関する環境の整備）

第5条 行政機関等及び事業者は，社会的障壁の除去の実施についての必要かつ合理的な配慮を的確に行うため，自ら設置する施設の構造の改善及び設備の整備，関係職員に対する研修その他の必要な環境の整備に努めなければならない。

第6条 政府は，障害を理由とする差別の解消の推進に関する施策を総合的かつ一体的に実施するため，障害を理由とする差別の解消の推進に関する基本方針（以下「基本方針」という。）を定めなければならない。

2 基本方針は，次に掲げる事項について定めるものとする。

一 障害を理由とする差別の解消の推進に関する施策に関する基本的な方向

二 行政機関等が講ずべき障害を理由とする差別を解消するための措置に関する基本的な事項

三 事業者が講ずべき障害を理由とする差別を解消するための措置に関する基本的な事項

四 〔略〕

3〜6 〔略〕

（行政機関等における障害を理由とする差別の禁止）

第7条 行政機関等は，その事務又は事業を行うに当たり，障害を理由として障害者でない者と不当な差別的取扱いをすることにより，障害者の権利利益を侵害してはならない。

2 行政機関等は，その事務又は事業を行うに当たり，障害者から現に社会的障壁の除去を必要としている旨の意思の表明があった場合において，その実施に伴う負担が過重でないときは，障害者の権利利益を侵害することとならないよう，当該障害者の

性別，年齢及び障害の状態に応じて，社会的障壁の除去の実施について必要かつ合理的な配慮をしなければならない。

（事業者における障害を理由とする差別の禁止）

第8条 事業者は，その事業を行うに当たり，障害を理由として障害者でない者と不当な差別的取扱いをすることにより，障害者の権利利益を侵害してはならない。

2 事業者は，その事業を行うに当たり，障害者から現に社会的障壁の除去を必要としている旨の意思の表明があった場合において，その実施に伴う負担が過重でないときは，障害者の権利利益を侵害することとならないよう，当該障害者の性別，年齢及び障害の状態に応じて，社会的障壁の除去の実施について必要かつ合理的な配慮をしなければならない。

（情報の収集，整理及び提供）

第16条 国は，障害を理由とする差別を解消するための取組に資するよう，国内外における障害を理由とする差別及びその解消のための取組に関する情報の収集，整理及び提供を行うものとする。

2 地方公共団体は，障害を理由とする差別を解消するための取組に資するよう，地域における障害を理由とする差別及びその解消のための取組に関する情報の収集，整理及び提供を行うよう努めるものとする。

4. 著作権法（昭和 45 年 5 月 6 日法律第 48 号）**(抄)**

（権利の目的とならない著作物）

第13条 次の各号のいずれかに該当する著作物は，この章の規定による権利の目的となることができない。

一 憲法その他の法令

二　国若しくは地方公共団体の機関，独立行政法人（独立行政
　　法人通則法（平成 11 年法律第 103 号）第 2 条第 1 項に規定す
　　る独立行政法人をいう。以下同じ。）又は地方独立行政法人
　　（地方独立行政法人法（平成 15 年法律第 118 号）第 2 条第 1
　　項に規定する地方独立行政法人をいう。以下同じ。）が発す
　　る告示，訓令，通達その他これらに類するもの

三　裁判所の判決，決定，命令及び審判並びに行政庁の裁決及
　　び決定で裁判に準ずる手続により行われるもの

四　前三号に掲げるものの翻訳物及び編集物で，国若しくは地
　　方公共団体の機関，独立行政法人又は地方独立行政法人が作
　　成するもの

（同一性保持権）

第 20 条　著作者は，その著作物及びその題号の同一性を保持す
　　る権利を有し，その意に反してこれらの変更，切除その他の改
　　変を受けないものとする。

2　前項の規定は，次の各号のいずれかに該当する改変については，
　　適用しない。

一〜三　〔略〕

四　前三号に掲げるもののほか，著作物の性質並びにその利用
　　の目的及び態様に照らしやむを得ないと認められる改変

（私的使用のための複製）

第 30 条　著作権の目的となつている著作物（以下この款におい
　　て単に「著作物」という。）は，個人的に又は家庭内その他これ
　　に準ずる限られた範囲内において使用すること（以下「私的使
　　用」という。）を目的とするときは，次に掲げる場合を除き，そ
　　の使用する者が複製することができる。〔以下略〕

（教科用拡大図書等の作成のための複製等）

第33条の3 　教科用図書に掲載された著作物は，視覚障害，発達障害その他の障害により教科用図書に掲載された著作物を使用することが困難な児童又は生徒の学習の用に供するため，当該教科用図書に用いられている文字，図形等の拡大その他の当該児童又は生徒が当該著作物を使用するために必要な方式により複製することができる。

2 　前項の規定により複製する教科用の図書その他の複製物（点字により複製するものを除き，当該教科用図書に掲載された著作物の全部又は相当部分を複製するものに限る。以下この項において「教科用拡大図書等」という。）を作成しようとする者は，あらかじめ当該教科用図書を発行する者にその旨を通知するとともに，営利を目的として当該教科用拡大図書等を頒布する場合にあつては，第33条第2項に規定する補償金の額に準じて文化庁長官が定める算出方法により算出した額の補償金を当該著作物の著作権者に支払わなければならない。

3・4 　〔略〕

（視覚障害者等のための複製等）

第37条 　公表された著作物は，点字により複製することができる。

2 　公表された著作物については，電子計算機を用いて点字を処理する方式により，記録媒体に記録し，又は公衆送信（放送又は有線放送を除き，自動公衆送信の場合にあつては送信可能化を含む。次項において同じ。）を行うことができる。

3 　視覚障害その他の障害により視覚による表現の認識が困難な者（以下この項及び第102条第4項において「視覚障害者等」という。）の福祉に関する事業を行う者で政令で定めるものは，公表された著作物であつて，視覚によりその表現が認識される方式（視覚及び他の知覚により認識される方式を含む。）により

公衆に提供され，又は提示されているもの（当該著作物以外の著作物で，当該著作物において複製されているものその他当該著作物と一体として公衆に提供され，又は提示されているものを含む。以下この項及び同条第4項において「視覚著作物」という。）について，専ら視覚障害者等で当該方式によつては当該視覚著作物を利用することが困難な者の用に供するために必要と認められる限度において，当該視覚著作物に係る文字を音声にすることその他当該視覚障害者等が利用するために必要な方式により，複製し，又は公衆送信を行うことができる。ただし，当該視覚著作物について，著作権者又はその許諾を得た者若しくは第79条の出版権の設定を受けた者若しくはその複製許諾若しくは公衆送信許諾を得た者により，当該方式による公衆への提供又は提示が行われている場合は，この限りでない。

（聴覚障害者等のための複製等）

第37条の2　聴覚障害者その他聴覚による表現の認識に障害のある者（以下この条及び次条第5項において「聴覚障害者等」という。）の福祉に関する事業を行う者で次の各号に掲げる利用の区分に応じて政令で定めるものは，公表された著作物であつて，聴覚によりその表現が認識される方式（聴覚及び他の知覚により認識される方式を含む。）により公衆に提供され，又は提示されているもの（当該著作物以外の著作物で，当該著作物において複製されているものその他当該著作物と一体として公衆に提供され，又は提示されているものを含む。以下この条において「聴覚著作物」という。）について，専ら聴覚障害者等で当該方式によつては当該聴覚著作物を利用することが困難な者の用に供するために必要と認められる限度において，それぞれ当該各号に掲げる利用を行うことができる。ただし，当該聴覚

著作物について，著作権者又はその許諾を得た者若しくは第79条の出版権の設定を受けた者若しくはその複製許諾若しくは公衆送信許諾を得た者により，当該聴覚障害者等が利用するために必要な方式による公衆への提供又は提示が行われている場合は，この限りでない。

一　当該聴覚著作物に係る音声について，これを文字にすることその他当該聴覚障害者等が利用するために必要な方式により，複製し，又は自動公衆送信（送信可能化を含む。）を行うこと。

二　専ら当該聴覚障害者等向けの貸出しの用に供するため，複製すること（当該聴覚著作物に係る音声を文字にすることその他当該聴覚障害者等が利用するために必要な方式による当該音声の複製と併せて行うものに限る。）。

（営利を目的としない上演等）

第38条　公表された著作物は，営利を目的とせず，かつ，聴衆又は観衆から料金（いずれの名義をもつてするかを問わず，著作物の提供又は提示につき受ける対価をいう。以下この条において同じ。）を受けない場合には，公に上演し，演奏し，上映し，又は口述することができる。ただし，当該上演，演奏，上映又は口述について実演家又は口述を行う者に対し報酬が支払われる場合は，この限りでない。

2・3〔略〕

4　公表された著作物（映画の著作物を除く。）は，営利を目的とせず，かつ，その複製物の貸与を受ける者から料金を受けない場合には，その複製物（映画の著作物において複製されている著作物にあつては，当該映画の著作物の複製物を除く。）の貸与により公衆に提供することができる。

5　映画フィルムその他の視聴覚資料を公衆の利用に供すること
　を目的とする視聴覚教育施設その他の施設（営利を目的として
　設置されているものを除く。）で政令で定めるもの及び聴覚障
　害者等の福祉に関する事業を行う者で前条の政令で定めるもの
　（同条第2号に係るものに限り，営利を目的として当該事業を
　行うものを除く。）は，公表された映画の著作物を，その複製物
　の貸与を受ける者から料金を受けない場合には，その複製物の
　貸与により頒布することができる。この場合において，当該頒
　布を行う者は，当該映画の著作物又は当該映画の著作物におい
　て複製されている著作物につき第26条に規定する権利を有す
　る者（第28条の規定により第26条に規定する権利と同一の権
　利を有する者を含む。）に相当な額の補償金を支払わなければ
　ならない。

　　（著作物の利用の許諾）
第63条　著作権者は，他人に対し，その著作物の利用を許諾する
　ことができる。
2　前項の許諾を得た者は，その許諾に係る利用方法及び条件の
　範囲内において，その許諾に係る著作物を利用することができ
　る。
3〜5　〔略〕

5.　**著作権法施行令**（昭和45年12月10日政令第335号）**（抄）**
　　（視覚障害者等のための複製等が認められる者）
第2条　法第37条第3項（法第86条第1項及び第3項並びに第
　102条第1項において準用する場合を含む。）の政令で定める者
　は，次に掲げる者とする。
　一　次に掲げる施設を設置して視覚障害者等のために情報を提

供する事業を行う者（イ，ニ又はチに掲げる施設を設置する者にあつては国，地方公共団体又は一般社団法人等，ホに掲げる施設を設置する者にあつては地方公共団体，公益社団法人又は公益財団法人に限る。）

イ　児童福祉法（昭和22年法律第164号）第7条第1項の障害児入所施設及び児童発達支援センター

ロ　大学等の図書館及びこれに類する施設

ハ　国立国会図書館

ニ　身体障害者福祉法（昭和24年法律第283号）第5条第1項の視聴覚障害者情報提供施設

ホ　図書館法第2条第1項の図書館（司書等が置かれているものに限る。）

ヘ　学校図書館法（昭和28年法律第185号）第2条の学校図書館

ト　老人福祉法（昭和38年法律第133号）第5条の3の養護老人ホーム及び特別養護老人ホーム

チ　障害者の日常生活及び社会生活を総合的に支援するための法律（平成17年法律第123号）第5条第11項に規定する障害者支援施設及び同条第1項に規定する障害福祉サービス事業（同条第7項に規定する生活介護，同条第12項に規定する自立訓練，同条第13項に規定する就労移行支援又は同条第14項に規定する就労継続支援を行う事業に限る。）を行う施設

二　前号に掲げる者のほか，視覚障害者等のために情報を提供する事業を行う法人（法第2条第6項に規定する法人をいう。以下同じ。）で次に掲げる要件を満たすもの

イ　視覚障害者等のための複製又は公衆送信（放送又は有線

放送を除き，自動公衆送信の場合にあつては送信可能化を含む。ロにおいて同じ。）を的確かつ円滑に行うことができる技術的能力及び経理的基礎を有していること。

ロ　視覚障害者等のための複製又は公衆送信を適正に行うために必要な法に関する知識を有する職員が置かれていること。

ハ　情報を提供する視覚障害者等の名簿を作成していること（当該名簿を作成している第三者を通じて情報を提供する場合にあつては，当該名簿を確認していること）。

ニ　法人の名称並びに代表者（法人格を有しない社団又は財団の管理人を含む。以下同じ。）の氏名及び連絡先その他文部科学省令で定める事項について，文部科学省令で定めるところにより，公表していること。

三　視覚障害者等のために情報を提供する事業を行う法人のうち，当該事業の実施体制が前号イからハまでに掲げるものに準ずるものとして文化庁長官が指定するもの

2　文化庁長官は，前項第3号の規定による指定をしたときは，その旨をインターネットの利用その他の適切な方法により公表するものとする。

（聴覚障害者等のための複製等が認められる者）

第2条の2　法第37条の2（法第86条第1項及び第3項並びに第102条第1項において準用する場合を含む。）の政令で定める者は，次の各号に掲げる利用の区分に応じて当該各号に定める者とする。

一　法第37条の2第1号（法第86条第1項及び第3項において準用する場合を含む。）に掲げる利用　次に掲げる者

イ　身体障害者福祉法第5条第1項の視聴覚障害者情報提供

施設を設置して聴覚障害者等のために情報を提供する事業を行う者（国，地方公共団体又は一般社団法人等に限る。）

ロ　イに掲げる者のほか，聴覚障害者等のために情報を提供する事業を行う法人のうち，聴覚障害者等のための複製又は自動公衆送信（送信可能化を含む。）を的確かつ円滑に行うことができる技術的能力，経理的基礎その他の体制を有するものとして文化庁長官が指定するもの

二　法第37条の2第2号（法第86条第1項及び第102条第1項において準用する場合を含む。）に掲げる利用　次に掲げる者（同号の規定の適用を受けて作成された複製物の貸出しを文部科学省令で定める基準に従つて行う者に限る。）

イ　次に掲げる施設を設置して聴覚障害者等のために情報を提供する事業を行う者（(2)に掲げる施設を設置する者にあつては国，地方公共団体又は一般社団法人等，(3)に掲げる施設を設置する者にあつては地方公共団体，公益社団法人又は公益財団法人に限る。）

(1)　大学等の図書館及びこれに類する施設

(2)　身体障害者福祉法第5条第1項の視聴覚障害者情報提供施設

(3)　図書館法第2条第1項の図書館（司書等が置かれているものに限る。）

(4)　学校図書館法第2条の学校図書館

ロ　イに掲げる者のほか，聴覚障害者等のために情報を提供する事業を行う法人のうち，聴覚障害者等のための複製を的確かつ円滑に行うことができる技術的能力，経理的基礎その他の体制を有するものとして文化庁長官が指定するもの

2 文化庁長官は，前項第1号ロ又は第2号ロの規定による指定をしたときは，その旨をインターネットの利用その他の適切な方法により公表するものとする。

6. **盲人，視覚障害者その他の印刷物の判読に障害のある者が発行された著作物を利用する機会を促進するためのマラケシュ条約（略称：視覚障害者等による著作物の利用機会促進マラケシュ条約）**（第196回国会条約第1号）**(抄)**

第2条　定義

この条約の適用上，

(a)　「著作物」とは，発行されているか又は他のいかなる媒体において公に利用可能なものとされているかを問わず，文学的及び美術的著作物の保護に関するベルヌ条約（以下「ベルヌ条約」という。）第2条(1)に規定する文学的及び美術的著作物であって文字，記号又は関連する図解の形式によるものをいう。

(b)　「利用しやすい様式の複製物」とは，受益者に著作物を利用する機会（視覚障害その他の印刷物を判読する上での障害のない者と同様に実行可能かつ快適な利用の機会を含む。）を与える代替的な方法又は形式による当該著作物の複製物をいう。利用しやすい様式の複製物は，専ら受益者によって利用されるものであり，また，代替的な様式で著作物を利用しやすいものとするために必要とされる変更及び利用の容易さについての受益者のニーズを十分に考慮した上で，原著作物の完全性を尊重するものでなければならない。

(c)　「権限を与えられた機関」とは，政府により，受益者に対して教育，教育訓練，障害に適応した読字又は情報を利用す

る機会を非営利で提供する権限を与えられ，又は提供することを認められた機関をいう。この機関には，主要な活動又は制度上の義務の一として受益者に同様のサービスを提供する政府機関及び非営利団体を含む。

権限を与えられた機関は，次のことを行うための実務の方法を確立し，これに従う。

(i)　当該権限を与えられた機関によるサービスの提供の対象者が受益者であることを確認すること。

(ii)　当該権限を与えられた機関が利用しやすい様式の複製物を受益者又は権限を与えられた機関にのみ譲渡し，及び利用可能とすること。

(iii)　許諾されていない複製物の複製，譲渡及び利用可能化を防止すること。

(iv)　第8条の規定に従って受益者のプライバシーを尊重しつつ，当該権限を与えられた機関が継続的に著作物の複製物の取扱いについて十分な注意を払い，及び記録すること。

第3条　受益者

受益者は，他の障害の有無を問わず，次のいずれかに該当する者である。

(a)　盲人である者

(b)　視覚障害又は知覚若しくは読字に関する障害のある者であって，そのような障害のない者の視覚的な機能と実質的に同等の視覚的な機能を与えるように当該障害を改善することができないため，印刷された著作物を障害のない者と実質的に同程度に読むことができないもの

(c)　(a)及び(b)に掲げる者のほか，身体的な障害により，書籍を持つこと若しくは取り扱うことができず，又は読むために

通常受入れ可能な程度に目の焦点を合わせること若しくは目を動かすことができない者

第4条　利用しやすい様式の複製物に関する国内法令上の制限及び例外

1（a）　締約国は，受益者のために著作物を利用しやすい様式の複製物の形態で利用可能とすることを促進するため，自国の著作権法において，著作権に関する世界知的所有権機関条約に定める複製権，譲渡権及び公衆の使用が可能となるような状態に置く権利の制限又は例外について定める。国内法令に定める制限又は例外については，著作物を代替的な様式で利用しやすいものとするために必要な変更を認めるものとすべきである。

（b）　締約国は，受益者が著作物を利用する機会を促進するため，公に上演し，及び演奏する権利の制限又は例外を定めることができる。

2　締約国は，自国の著作権法において次の（a）及び（b）に規定する制限又は例外を定めることにより，1に規定する全ての権利について1の規定を実施することができる。

（a）　権限を与えられた機関は，次の全ての要件が満たされる場合には，著作物について，その著作権者の許諾を得ることなく，利用しやすい様式の複製物を作成すること，利用しやすい様式の複製物を他の権限を与えられた機関から入手すること及びあらゆる手段（非商業的な貸与及び有線又は無線の方法による電子的な伝達を含む。）により受益者にこれらの複製物を提供すること並びにこれらの目的を達成するためにあらゆる中間的な措置をとることが認められる。

（i）　この（a）に規定する活動を行うことを希望する権限を与

えられた機関が，当該著作物又はその複製物を合法的に利
用する機会を有していること。

(ii)　当該著作物が利用しやすい様式の複製物に変換されて
いること。その変換については，利用しやすい様式におい
て情報を認識するために必要な手段を含めることができる
が，当該著作物を受益者にとって利用しやすいものとする
ために必要な変更以外の変更をもたらさないものとする。

(iii)　(ii)に規定する利用しやすい様式の複製物が専ら受益
者によって利用されるよう提供されること。

(iv)　この(a)に規定する活動が非営利で行われること。

(b)　受益者又は当該受益者のために行動する者（主たる介護
者を含む。）は，当該受益者が著作物又はその複製物を合法的
に利用する機会を有する場合には，当該受益者の個人的な利
用のために当該著作物の利用しやすい様式の複製物を作成す
ることができ，又はその他の方法により当該受益者が利用し
やすい様式の複製物を作成し，及び利用することを支援する
ことができる。

3　締約国は，第10条及び第11条の規定に基づいて自国の著作
権法において他の制限又は例外を定めることにより，1の規定
を実施することができる。

4　締約国は，この条の規定に基づく制限又は例外を，自国の市場
において受益者が特定の利用しやすい様式では妥当な条件によ
り商業的に入手することができない著作物に限定することがで
きる。この4の規定を用いる締約国は，この条約の批准，受諾
若しくは加入の時に，又はその後いつでも，世界知的所有権機
関の事務局長に寄託する通告において，その旨を宣言する。

5　この条の規定に基づく制限又は例外を報酬の対象とするか否

かは，国内法令の定めるところによる。

第5条　利用しやすい様式の複製物の国境を越える交換

1　締約国は，利用しやすい様式の複製物が制限若しくは例外に基づいて又は法令の実施によって作成される場合には，権限を与えられた機関が，当該利用しやすい様式の複製物を他の締約国の受益者若しくは権限を与えられた機関に譲渡し，又は他の締約国の受益者若しくは権限を与えられた機関の利用が可能となるような状態に置くことができることを定める。

2　締約国は，自国の著作権法において次の(a)及び(b)に規定する制限又は例外を定めることにより，1の規定を実施することができる。ただし，これらの制限又は例外は，権限を与えられた機関が，次の(a)又は(b)の規定により譲渡し，又は利用可能化を行う前に，利用しやすい様式の複製物が受益者以外の者のために利用されるであろうことを知らなかった場合又は知ることができる合理的な理由を有しなかった場合に限る。

(a)　権限を与えられた機関は，権利者の許諾を得ることなく，専ら受益者による利用のために，利用しやすい様式の複製物を他の締約国の権限を与えられた機関に譲渡し，又は他の締約国の権限を与えられた機関の利用が可能となるような状態に置くことが認められる。

(b)　権限を与えられた機関は，権利者の許諾を得ることなく，かつ，第2条の規定に従い，利用しやすい様式の複製物を他の締約国の受益者に譲渡し，又は他の締約国の受益者の利用が可能となるような状態に置くことが認められる。

3　締約国は，4，第10条及び第11条の規定に基づいて自国の著作権法において他の制限又は例外を定めることにより，1の規定を実施することができる。

300

4(a)　締約国の権限を与えられた機関が1の規定に基づいて利用しやすい様式の複製物を譲り受け，及び当該締約国がベルヌ条約第9条の規定に基づく義務を負っていない場合には，当該締約国は，自国の法律上の制度及び慣行に従い，当該利用しやすい様式の複製物が当該締約国の管轄内で受益者のためにのみ複製され，譲渡され，又は利用が可能となるような状態に置かれることを確保する。

(b)　締約国が著作権に関する世界知的所有権機関条約の締約国である場合又は締約国がこの条約を実施するための譲渡権及び公衆の利用が可能となるような状態に置く権利の制限及び例外を，著作物の通常の利用を妨げず，かつ，権利者の正当な利益を不当に害しない特別な場合に限定する場合を除くほか，権限を与えられた機関が1の規定に基づいて行う利用しやすい様式の複製物の譲渡及び利用可能化は，当該締約国の管轄内に限定される。

(c)　この条のいかなる規定も，何が譲渡の行為又は公衆の利用が可能となるような状態に置く行為に該当するかについての決定に影響を及ぼすものではない。

5　この条約のいかなる規定も，権利の消尽に関する問題を取り扱うために用いてはならない。

第6条　利用しやすい様式の複製物の輸入

締約国の国内法令は，受益者，受益者のために行動する者又は権限を与えられた機関が著作物の利用しやすい様式の複製物を作成することを認める範囲において，これらの者が権利者の許諾を得ることなく受益者のために利用しやすい様式の複製物を輸入することを認めるものとする。

第7条　技術的手段に関する義務

　締約国は，効果的な技術的手段の回避を防ぐための適当な法的保護及び効果的な法的救済について定める場合には，受益者が当該法の保護によりこの条約に定める制限及び例外を享受することを妨げられないことを確保するため，必要に応じて適当な措置をとる。

第9条　国境を越える交換を促進するための協力

1　締約国は，権限を与えられた機関が相互に特定することを支援するための情報の自発的な共有を奨励することにより，利用しやすい様式の複製物の国境を越える交換を促進するよう努める。世界知的所有権機関国際事務局は，このため，情報の入手先を設ける。

2　締約国は，第5条の規定に基づく活動を行う自国の権限を与えられた機関が，各国の権限を与えられた機関の間で情報を共有すること並びに適当な場合には当該締約国の権限を与えられた機関の方針及び実務の方法に関する情報（利用しやすい様式の複製物の国境を越える交換に関するものを含む。）を利害関係者及び公衆にとって利用可能なものとすることの双方により，第2条(c)に規定する実務の方法に関する情報を利用可能なものとすることについて，支援することを約束する。

3　世界知的所有権機関国際事務局は，利用可能な場合には，この条約の実施に関する情報を共有するよう要請される。

4　締約国は，この条約の目的及び趣旨を実現するための各国の努力を支援するために国際協力及びその促進が重要であることを認める。

参考資料5 図書館の障害者サービスにおける著作権法第 37 条第 3 項に基づく著作物の複製等に関するガイドライン

2010 年 2 月 18 日
2013 年 9 月 2 日別表一部修正
2019 年 11 月 1 日一部改定
国公私立大学図書館協力委員会
（公社）全国学校図書館協議会
全国公共図書館協議会
専門図書館協議会
（公社）日本図書館協会

（目的）

1　このガイドラインは，著作権法第 37 条第 3 項に規定される権利制限に基づいて，「視覚障害その他の障害により視覚による表現の認識が困難な者」（以下このガイドラインにおいて「視覚障害者等」という）に対して図書館サービスを実施しようとする図書館が，著作物の複製，譲渡，公衆送信を行う場合に，その取り扱いの指針を示すことを目的とする。

（経緯）

2　2009（平成 21）年 6 月 19 日に公布された著作権法の一部を改正する法律（平成 21 年法律第 53 号）が，一部を除き 2010（平成 22）年 1 月 1 日から施行された。図書館が，法律改正の目的を達成し，法の的確な運用を行うためには，「図書館における著作物の利用に関する当事者協議会」を構成する標記図書館団体（以下「図書館団体」という。）は，ガイドラインの策定が必要であるとの意見でまとまった。そのため，図書館団体は，著作者の権利に留意しつつ図書館利用者の便宜を図るために，同協

議会を構成する権利者団体（以下「権利者団体」という。）と協議を行い，権利者団体の理解の下にこのガイドラインを策定することとした。

（本ガイドラインの対象となる図書館）

3　このガイドラインにおいて，図書館とは，著作権法施行令第2条第1項各号に定める図書館をいう。

（資料を利用できる者）

4　著作権法第37条第3項により複製された資料（以下「視覚障害者等用資料」という。）を利用できる「視覚障害者等」とは，別表1に例示する状態にあって，視覚著作物をそのままの方式では利用することが困難な者をいう。

5　前項に該当する者が，図書館において視覚障害者等用資料を利用しようとする場合は，一般の利用者登録とは別の登録を行う。その際，図書館は別表2「利用登録確認項目リスト」を用いて，前項に該当することについて確認する。当該図書館に登録を行っていない者に対しては，図書館は視覚障害者等用資料を利用に供さない。

（図書館が行う複製（等）の種類）

6　著作権法第37条第3項にいう「当該視覚障害者等が利用するために必要な方式」とは，次に掲げる方式等，視覚障害者等が利用しようとする当該視覚著作物にアクセスすることを保障する方式をいう。

　　録音，拡大文字，テキストデータ，マルチメディアデイジー，布の絵本，触図・触地図，ピクトグラム，リライト（録音に伴うもの，拡大に伴うもの），各種コード化（SPコードなど），映像資料のサウンドを映像の音声解説とともに録音すること等

（図書館間協力）

7　視覚障害者等のための複製（等）が重複することのむだを省く
　　ため，視覚障害者等用資料の図書館間の相互貸借は積極的に行
　　われるものとする。また，それを円滑に行うための体制の整備
　　を図る。

（複製の品質）

8　図書館は第6項に示す複製（等）の質の向上に努める。そのた
　　めに図書館は担当者の研修を行い，技術水準の維持を確保する。
　　図書館団体は，研修に関して積極的に支援する。

（市販される資料との関係）

9　著作権法第37条第3項ただし書に関して，図書館は次のよう
　　に取り扱う。

（1）　市販されるもので，次のa）〜d）に示すものは，著作権法第
　　37条第3項ただし書に該当しないものとする。

　a）　当該視覚著作物の一部分を提供するもの

　b）　録音資料において，朗読する者が演劇のように読んだり，
　　　個々の独特の表現方法で読んでいるもの

　c）　利用者の要求がデイジー形式の場合，それ以外の方式によ
　　　るもの

　d）　インターネットのみでの販売などで，視覚障害者等が入手し
　　　にくい状態にあるもの（ただし，当面の間に限る。また，図書
　　　館が入手し障害者等に提供できるものはこの限りでない。）

（2）　図書館は，第6項に示す複製（等）を行おうとする方式と同
　　様の方式による市販資料の存在を確認するため，別に定める「著
　　作権法第37条第3項ただし書該当資料確認リスト」を参照する。
　　当該方式によるオンデマンド出版もこれに含む。なお，個々の
　　情報については，以下に例示するように具体的にどのような配
　　慮がなされているかが示されていることを要件とする。

また，販売予定（販売日を示したもの）も同様に扱う。

　　　（資料種別と具体的配慮内容）

　　　　例：音声デイジー，マルチメディアデイジー（収録データ
　　　　　　形式），大活字図書（字体とポイント数），テキストデ
　　　　　　ータ，触ってわかる絵本，リライト

(3)　前記(2)の「著作権法第37条第3項ただし書該当資料確認
　　リスト」は日本図書館協会のサイト内に置く。日本図書館協会
　　は，その情報を適時確認し更新を行う。出版社などが新たに販
　　売を開始した場合は日本図書館協会に連絡することにより，こ
　　のリストに掲載することができる。

(4)　前記(2)の販売予定の場合，販売予告提示からその販売予定
　　日が1か月以内までのものを「提供または提示された資料」として
　　扱う。ただし，予定販売日を1か月超えても販売されていない場
　　合は，図書館は第6項に示す複製（等）を開始することができる。

(5)　図書館が視覚障害者等用資料の複製（等）を開始した後に販
　　売情報が出された場合であっても，図書館は引き続き当該複製
　　（等）を継続し，かつ複製物の提供を行うことができる。ただし，
　　公衆送信は中止する。

（ガイドラインの見直し）

10　本ガイドラインは，社会状況の変化等に応じて随時見直し，
　　改訂を行う。その際は，「図書館における著作物の利用に関す
　　る当事者協議会」における検討を尊重する。

（附則）

1　2018（平成30）年5月25日に公布された著作権法の一部を改
　　正する法律（平成30年法律第30号）（平成31年1月1日施行）
　　に合わせ，ガイドラインの一部を修正することとした。

　　　　　　　　　　　　　　　　　　　　　　　　　　　　以上

別表1

視覚障害	発達障害
聴覚障害	学習障害
肢体障害	いわゆる「寝たきり」の状態
精神障害	一過性の障害
知的障害	入院患者
内部障害	その他図書館が認めた障害

別表2

※ガイドラインに基づき，図書館職員が「視覚障害その他の障害により視覚による表現の認識が困難な者」を判断するための一助としてこのリストを作成する。以下の項目のいずれかに該当する場合は，図書館の障害者サービスの利用者として登録ができる。（本人以外の家族等代理人によるものも含む）

利用登録確認項目リスト

チェック欄	確認事項
	身体障害者手帳の所持　　［　　　］級（注）
	精神障害者保健福祉手帳の所持　　［　　　］級
	療育手帳の所持　　［　　　］級
	医療機関・医療従事者からの証明書がある
	福祉窓口等から障害の状態を示す文書がある
	学校・教師から障害の状態を示す文書がある
	職場から障害の状態を示す文書がある
	学校における特別支援を受けているか受けていた
	福祉サービスを受けている
	ボランティアのサポートを受けている
	家族やヘルパーに文書類を読んでもらっている

	活字をそのままの大きさでは読めない
	活字を長時間集中して読むことができない
	目で読んでも内容が分からない，あるいは内容を記憶できない
	身体の病臥状態やまひ等により，資料を持ったりページをめくったりできない
	その他，原本をそのままの形では利用できない

注　（身体障害者手帳における障害の種類）視覚，聴覚，平衡，音声，言語，咀嚼，上肢，下肢，体幹，運動-上肢，運動-移動，心臓，腎臓，呼吸器，膀胱，直腸，小腸，免疫など（身体障害者福祉法別表による）

著作権法第 37 条第 3 項ただし書該当資料確認リスト

2020 年 7 月 13 日現在

　このリストは，「図書館の障害者サービスにおける著作権法第 37 条第 3 項に基づく著作物の複製等に関するガイドライン」に基づき，視覚障害者等用資料を販売している出版社等の一覧を日本図書館協会が作成して提供するものです。視覚障害者等用資料の作製および公衆送信を行う場合に，同様のものが販売等されていないことを確認するためにご活用ください。

　なお，視覚障害者等用資料を販売されている出版社等で，下記のリストに掲載がない場合は掲載をさせていただきたいので，お手数ですが日本図書館協会までお知らせいただきますよう，よろしくお願い申し上げます。

　＊連絡先　日本図書館協会

　　〒 104-0033　東京都中央区新川 1-11-14

　　TEL:03-3523-0811　FAX:03-3523-0841

　　お問い合わせ　https://www.jla.or.jp/inquiry/tabid/76/Default.aspx

1. 録音資料

  （1）　音声デイジー・マルチメディアデイジー

出版社名	電話番号	ホームページ
（株）音訳サービスＪ	045-441-1674	https://onyakuj.com/index.php
（社福）桜雲会	03-5337-7866	http://ounkai.jp/publish/daisy/

  （2）　オーディオブック

出版社名	電話番号	ホームページ
（株）音訳サービスＪ	045-441-1674	https://onyakuj.com/index.php
ことのは出版（株）	FAX 045-316-8037	https://www.kotonoha.co.jp
（社福）埼玉福祉会 サイフクＡＶライブ ラリーオンライン	048-485-1277	http://www.saifuku-av.com/ index2.html
（社福）桜雲会	03-5337-7866	http://ounkai.jp/publish/daisy/

2. 大活字資料

出版社名	電話番号	ホームページ
（NPO法人）大活字 文化普及協会	03-5282-4361	http://www.daikatsuji.co.jp/
（社福）埼玉福祉会	048-481-2188	https://www.saifuku.com/annai/
（有）読書工房	03-5988-9160	https://www.d-kobo.jp/

3. テキストデータ

出版社名	電話番号	ホームページ
（有）読書工房	03-5988-9160	https://www.d-kobo.jp/
（株）生活書院	03-3226-1203	https://www.seikatsushoin.com/ order/index.html

　　テキストデータは，決まった出版社が直接販売するケースはほとんど
ありません。
　　しかし，障害者等が書籍を購入した時に出版社に申し出るとデータが
もらえるケースがあります。書籍の奥付などにそのような表示がある場
合はテキストデータも合わせて販売しているものと判断します。

あとがき

　日本図書館協会障害者サービス委員会は，これまで「図書館利用に障害のある人々」に対するサービスをすすめていくためのさまざまな活動を行ってきました。具体的には，障害者サービスに関する研修会の開催，全国の図書館が行う障害者サービス研修会への講師派遣，障害者サービスに関するガイドラインなどの策定，全国図書館大会障害者サービス分科会の運営，国や図書館界への見解や要望の発信，その他障害者サービスの普及・啓発活動などです。

　委員会は関東・関西に小委員会を設け，地域固有の問題にも的確に対処する体制をとっています。また，全国視覚障害者情報提供施設協会（全視情協）などの関連団体とも緊密に連携するよう努めています。

　今回，通常の印刷版に加えてアクセシブルな電子版をほぼ同時に出版できることは，日本図書館協会として大きな意義があります。また，今さらなことではありますが，刊行が遅れてしまったことを，深くお詫び申し上げます。

　本書は，日本図書館協会障害者サービス委員会の委員を中心に執筆していますが，外部の専門家の皆様にも，それぞれの専門分野の執筆を担当していだたきました。また，下巻では全国の図書館からさまざまな障害者サービスの先進事例をご紹介いただいています。そして，電子版の編集には「NPO法人　支援技術開発機構」（ATDO）の全面的なご協力をいただき，障害者も利用可能なアクセシブルな電子書籍として出版することがで

きました。執筆にご協力いただいた皆様，編集・出版にご協力いただいた皆様に深く感謝するものです。

　障害者サービスは，図書館の基本的なサービスとして，全国すべての図書館が行わなければなりません。そのためには，障害者サービスを担当者任せにせず（担当者がいない図書館は問題外です），すべての職員が通常の業務の1つとして行えるよう，職員の研修とサービスへの理解が必要です。すべての職員に，図書館利用に障害のある利用者への適切な接遇と，障害者サービス用資料と，障害者サービスの具体的方法への理解が求められています。

　この本が，図書館職員，司書を目指す学生，図書館サービスに携わるすべての関係者に，有用であることを願っています。

　さらに，この本で書ききれなかった，より深い障害者サービスの内容や障害者サービスの事例などは，各図書館のホームページや図書館関係雑誌などにも多く掲載されています。そして，新たな障害者サービスに関する動きは，セミナーや研修会はもちろん，関連するウェブサイト，Twitter や Facebook などの SNS，日本図書館協会障害者サービス委員会のウェブサイトなどからも入手することができます。それらも積極的に活用していただき，さらなる発展にご尽力いただければ幸いです。

2018 年 7 月 1 日
日本図書館協会障害者サービス委員会

※　補訂版のアクセシブルな EPUB 版は，紙媒体の印刷・製本にあたった㈱丸井工文社が作成しました。

事項索引

●執筆者一覧

安藤　一博（あんどう　かずひろ）　国立国会図書館

飯田　貴子（いいだ　たかこ）　元 筑波技術大学附属図書館

石井　みどり（いしい　みどり）　元 横浜市立盲特別支援学校

石井　保志（いしい　やすし）　東京医科歯科大学図書館

井上　芳郎（いのうえ　よしろう）　埼玉県立坂戸西高等学校

大川　和彦（おおかわ　かずひこ）　千葉市中央図書館

太田　順子（おおた　じゅんこ）　大道中央病院

太田　千亜生（おおた　ちあき）　墨田区立ひきふね図書館

大塚　強（おおつか　つよし）　名古屋市鶴舞中央図書館

大宮　祐子（おおみや　さちこ）　元 浦安市立図書館

大村　恭子（おおむら　きょうこ）　田原市中央図書館

岡室　公平（おかむろ　こうへい）　枚方市立中央図書館

小川　久美子（おがわ　くみこ）　八王子市中央図書館

小野　康二（おの　こうじ）　熊本県聴覚障害者情報提供センター

* 小原　亜実子（おはら　あみこ）　横浜市中央図書館

河村　宏（かわむら　ひろし）　支援技術開発機構

蔵本　紗希（くらもと　さき）　東京大学先端科学技術研究センター AccessReading 事務局

児島　陽子（こじま　ようこ）　鳥取県立白兎養護学校

小林　冨士夫（こばやし　ふじお）　日本図書館協会障害者サービス委員会

齊藤　めぐみ（さいとう　めぐみ）　東京都立大塚ろう学校

齊藤　禮子（さいとう　れいこ）　埼玉県立図書館音訳者

* 佐藤　聖一（さとう　せいいち）　埼玉県立久喜図書館

佐藤　涼子（さとう　りょうこ）　児童図書館研究会

澤村　潤一郎（さわむら　じゅんいちろう）　日本点字図書館

＊椎原　綾子（しいはら　あやこ）　目黒区立八雲中央図書館

品川　尚子（しながわ　ひさこ）　東京都立大塚ろう学校

杉田　正幸（すぎた　まさゆき）　大阪府立中央図書館

杉山　雅章（すぎやま　まさあき）　日本点字図書館

鈴木　小夜子（すずき　さよこ）　川越市立中央図書館

返田　玲子（そりた　れいこ）　調布市立中央図書館

鶴巻　拓磨（つるまき　たくま）　川越市立高階図書館

＊冨澤　亨子（とみざわ　りょうこ）　筑波大学附属視覚特別支援学校

中山　玲子（なかやま　れいこ）　日野市立図書館

成松　一郎（なりまつ　いちろう）　有限会社読書工房

＊新山　順子（にいやま　じゅんこ）　相模女子大学

野口　武悟（のぐち　たけのり）　専修大学

野村　美佐子（のむら　みさこ）　日本障害者リハビリテーション協会

早川　代志子（はやかわ　よしこ）　聴力障害者情報文化センター

林田　茂（はやしだ　しげる）　日本ライトハウス

原田　敦史（はらた　あつし）　堺市立健康福祉プラザ視覚・聴覚障害者センター

日置　将之（ひおき　まさゆき）　大阪府立中央図書館

東　泰江（ひがし　やすえ）　大阪市立中央図書館

平田　泰子（ひらた　やすこ）　日本図書館協会多文化サービス委員会

平塚　千穂子（ひらつか　ちほこ）　バリアフリー映画鑑賞推進

　団体シティ・ライツ

福井　恵（ふくい　めぐみ）　元 筑波技術大学附属図書館

藤井　美華子（ふじい　みかこ）　鳥取県立図書館（鳥取県立米
　子南高等学校）

藤澤　和子（ふじさわ　かずこ）　大和大学

前田　章夫（まえだ　あきお）　元 大阪府立中央図書館

牧尾（濱田）　麻邑（まきお（はまだ）まゆ）　支援技術開発機
　構

牧野　綾（まきの　あや）　調布デイジー

松延　秀一（まつのぶ　しゅういち）　京都大学附属図書館

溝上　智惠子（みぞうえ　ちえこ）　筑波大学

三谷　恭弘（みたに　やすひろ）　立命館大学学術情報部図書館

南　亮一（みなみ　りょういち）　国立国会図書館

村井　優夫（むらい　まさお）　東京都立中央図書館

森　せい子（もり　せいこ）　聴力障害者情報文化センター

矢部　剛（やべ　たけし）　伊藤忠記念財団

山内　薫（やまうち　かおる）　元 墨田区立図書館

山口　俊裕（やまぐち　としひろ）　枚方市立中央図書館

和田　勉（わだ　つとむ）　日本点字図書館

渡辺　修（わたなべ　おさむ）　日本図書館協会障害者サービス
　委員会

渡辺　順子（わたなべ　じゅんこ）　東京布の絵本連絡会

（氏名の五十音順，所属は 2018 年 4 月現在（執筆当時），＊は編集責任者）

◆JLA図書館実践シリーズ　38

図書館利用に障害のある人々へのサービス
下巻　先進事例・制度・法規編　補訂版

2018年8月10日　　初版第1刷発行©
2021年11月30日　　補訂版第1刷発行

定価：本体1800円（税別）

編　者：日本図書館協会障害者サービス委員会
発行者：公益社団法人　日本図書館協会
　　　　　〒104-0033　東京都中央区新川1-11-14
　　　　　Tel 03-3523-0811㈹　Fax 03-3523-0841
デザイン：笠井亞子
印刷所：㈱丸井工文社
Printed in Japan
JLA212116　　ISBN978-4-8204-2108-5
本文の用紙は中性紙を使用しています。

JLA 図書館実践シリーズ　刊行にあたって

　日本図書館協会出版委員会が「図書館員選書」を企画して20年あまりが経過した。図書館学研究の入門と図書館現場での実践の手引きとして，図書館関係者の座右の書を目指して刊行されてきた。

　しかし，新世紀を迎え数年を経た現在，本格的な情報化社会の到来をはじめとして，大きく社会が変化するとともに，図書館に求められるサービスも新たな展開を必要としている。市民の求める新たな要求に対応していくために，従来の枠に納まらない新たな理論構築と，先進的な図書館の実践成果を踏まえた，利用者と図書館員のための出版物が待たれている。

　そこで，新シリーズとして，「JLA図書館実践シリーズ」をスタートさせることとなった。図書館の発展と変化する時代に即応しつつ，図書館をより一層市民のものとしていくためのシリーズ企画であり，図書館にかかわり意欲的に研究，実践を積み重ねている人々の力が出版事業に生かされることを望みたい。

　また，新世紀の図書館学への導入の書として，一般利用者の図書館利用に資する書として，図書館員の仕事の創意や疑問に答えうる書として，図書館にかかわる内外の人々に支持されていくことを切望するものである。

2004年7月20日

日本図書館協会出版委員会

委員長　松島　茂

図書館員と図書館を知りたい人たちのための新シリーズ！
JLA図書館実践シリーズ　既刊40冊，好評発売中

（価格は本体価格）

図書館員と図書館を知りたい人たちのための新シリーズ！
JLA 図書館実践シリーズ 既刊40冊，好評発売中

Japan Library Association